遇谁都能聊得开

92个技巧让你的谈话充满魅力

[美] 莉尔·朗兹 Leil Lowndes ◎著

曾琳 ◎译

How to Talk to Anyone

92 Little Tricks for Big Success in Relationships

For my Chinese readers
I am honored and thrilled that you have invited me to share these communication techniques with you.
I send personal greetings to my many email friends and followers in your wonderful country.
With great respect and affection,
Leil Lowndes

致我的中国读者

受到你们邀请分享这些沟通技巧，我倍感荣幸和兴奋。

在你们神奇的国家，有很多朋友给我发来电子邮件，也有很多我的追随者，我谨向他们致以亲切的问候！

莉尔·朗兹

这个世界上有两种人：

当他们走进一个房间时，

一种人会说：

“嗨，我来了！”

而，另一种人则说：

“啊哈！原来你在这儿！”

目录
contents

第二部分

招呼过后，激活谈兴

第三部分

如何像大人物一样讲话

第四部分

轻松融入任何圈子

第五部分

让人觉得跟你是同类

第八部分

如何像政治家一样玩转社交 Party

第九部分

飞跃社交场上的“玻璃天花板”

前 言
获得任何你想拥有的东西
（至少，你该尽力尝试一下！）

你可曾羡慕过那些看起来总是八面玲珑、游刃有余的成功人士？他们是商务会议上胸有成竹、侃侃而谈的商务精英，是社交宴会中亲切随和的交谈对象。他们是天之骄子，拥有最好的工作、最出色的配偶、最庞大的银行存款，参加最有档次的派对，身边总是簇拥着最有趣的朋友。

但是，他们中的许多人并不一定比你聪明，学历未必有你高，长相未必比你俊。那么，究竟是什么原因使得他们如此非同凡响呢？俗话说："一个好汉三个帮，一个篱笆三个桩。"孤军奋战的人成功概率是很渺茫的。成功往往在很大程度取决一个人与他人打交道的能力。

没有任何人能独自成功。一直以来，那些看起来什么都有的人正是因为征服了许多人的心，获得了众人的帮助，才能获得想要拥有的一切。

有那么一些人，只会盯着别人取得的成就，质疑别人的成功，抱怨自己的失败。他们只是一味地怨天尤人，却从来没有意识到自己的普通都是自己造成的。他们永远不会知道，是自己拙劣的交际能力导致了爱情、友谊和交易的不顺利。那些成功人士、交际达人似乎拥有满脑子的诀窍，总能让事情变得简单，轻而易举地获得自己想要的东西。

那么，他们有些什么诀窍呢？《遇谁都能聊得开》一书向大家提供了成功人士日常使用的92个小诀窍，让你也能从容地交际，轻松获取生活中任何你想要的东西。

人类如此复杂，影响我们的关键在哪里？

许多年前一次大学演出排练中，一位戏剧老师对我糟糕透顶的演技大发雷霆，他大喊道："不！错了！你的身体背叛了你的台词。每个细微动作、每个身体姿势，都泄露了你内心的想法。"他怒吼道："你的脸上有7 000种不同表情，每种都精确地暴露了你在任何时刻的想法。"然后他说了一句让我永远难忘的话："而你的身体和举止姿态简直是一部动感的自传。"

他说的真有道理！在现实生活中，你所做的每个动作都在下意识地向别人诉说你的生活、你的故事。你的每一抹微笑、每一次皱眉，发出的每一个音节，随意吐露的字字句句，都可能左右着别人对你的态度。

男人的直觉是否暗示你放弃过一笔交易？女人特有的第六感是否让你拒绝了一次求婚？在意识层面上，我们可能不知道预感究竟是什么，但影响人类潜意识的要素却是客观存在的。

请想象一下，把两人放在一个与电路相联的盒子里，要记录两人之间流动的所有信号。那意味着每秒有多达一万个单位的信息在他们之间流动。"大约一半的美国人可能需要用一生的努力才能把这两个对象在一个小时之内流动的信息分门别类，"一位宾夕法尼亚大学的沟通权威如此评估。[1]

针对人与人之间不计其数的细微动作与相互反应，我们能否想出什么具体技巧使我们的交际目的清楚明确，使我们看起来自信可靠且魅力四射？

为达此目的，我几乎阅读了每一本有关沟通技巧、展示魅力和人际互动的图书。我还探究过世界各地有关如何提高领导力和可信度的研究。无畏的社会科学家们试图找到其中的配方。例如，乐观的中国科学家希望从饮食中发现魅力的来源，他们甚至把人际关系的好坏和受试者尿液中的儿茶酚胺水平作比较。[2] 这些图书和研究或者有点华而不实，或者有点过于哗众取宠。我只好把它们束之高阁。

20 世纪，戴尔·卡耐基是伟大的

不过，现今是 21 世纪。

大多数研究证都证实了戴尔·卡耐基在 1936 年所完成的经典著作《人性的弱点》。[3] 其中他提出：成功在于微笑。70 多年后的今天，微笑依然重要。微笑不仅显示了你对别人的好感，还会使他们自我感觉良好。那么，既然戴尔·卡耐基和无数大师们已经为我们提供了很多足智多谋的意见，为什么还需要这本书来告诉大家如何赢得朋友并影响他人呢？我觉得主要有两大原因。

原因一：假设智者告诉你，“在中国应该讲中文”，但却没有提供语言课程，该怎么办？戴尔·卡耐基和许多沟通专家就如同那个智者一样。他们告诉我们应该做什么，但却没有告诉我们如何去做。在当今复杂的世界里，单单“微笑”或“给予诚挚的恭维”是远远不够的。今天，尖酸刻薄的生意人往往只会觉得你的笑容精明狡猾，你的赞美高深莫测。那些善于交际或极具吸引力的人身边总是围绕着一群笑眯眯的谄媚者，他们虚情假意、阿谀奉承。潜在的顾客已经厌倦了销售员一边摸着收银机键一边说：“你穿这套衣服看起来非常不错。”正如当追求者说：“你好漂亮”而卧室门就在眼前时，女人都会非常警惕。

原因二：与卡耐基的那个世界相比，如今的这片天地已然不同，我们需要能够抵达成功的新方式。为了找到它，我对当今的超级巨星进行了一番观察。我探究了高级销售员的销售技巧，演说家巧舌如簧的口才，神职人员循循善诱的劝导，表演者那使人全神贯注的凝聚力，性感偶像使人想入非非的诱惑力和运动员大获全胜的技能。

我当着最成功和最受爱戴的领导者的面，分析他们的身体语言和面部表情；认真倾听他们的闲谈，思考他们对时机和用词的选择；观察他们如何与家人、朋友、同事和对手打交道。每当在和他们的交流中发现一小段神奇的魔法，我就要求他们用镊子把它挑出来，暴露在意识的强光下。我们一起进行分析，然后我把它归纳为一个轻而易举的"小诀窍"，以便使其他人可以即学即用并从中受益。

这些技巧有的狡黠微妙，有的令人惊讶。只要掌握了这些技巧，你就能变得与众不同，获得你想要的一切。家人、新朋友，甚至商业伙伴都会高兴地向你敞开心扉。当你需要帮助时，他们也会竭尽所能，倾囊相助。

第一部分

一言不发地引起他人注意

当你跟某人碰面时，不要立即微笑，那样会显得好像每个走进你视线的人都是你微笑的对象。而你应该先注视对方 1 秒钟，然后停顿一下，把这个人的形象铭记在心里。随后再绽放出灿烂、真诚的笑容，并让你的脸庞和眼睛里都充满笑意。这会让对方仿佛沉浸在一股温暖的浪潮中。要知道，微笑时的瞬间延迟会让人们感觉到你的真诚，并且认为你的笑容只为他们绽放。

第一印象会给刚认识你的人留下深刻的印象，并且可能永远深烙在别人的记忆里。

我的朋友罗伯特·格罗斯曼是一位出色的漫画家，他定期为《福布斯》《新闻周刊》《体育画报》《滚石》及其他流行刊物撰稿。罗伯特不仅能刻画出漫画对象的体态，还能着重凸显出他们的个性，这是他独具的天赋。只要扫一眼他的人物漫画，你就会发现那些人物的性格和他们的形体一样一目了然。

在聚会中，他有时会在餐巾纸上画一些速写。当大家看到眼前朋友惟妙惟肖的漫画时，他们都大吃一惊。勾勒完之后，他会放下笔，把画递给画中的主角。通常这个时候，主角脸上都会笼罩着一团迷雾。他常常会礼貌地喃喃自语："嗯，画得太棒了！但，这真的不是我。"

"就是他。"人们纷纷发出心悦诚服的感叹，此起彼伏，声音越来越大，逐渐淹没主角模糊不清的嘀咕。最后只留下困惑的主角盯着餐巾上的那幅画，不明白为什么全世界都公认那上面画的就是他。

有一次，我去罗伯特的工作室探望他，问他如何恰到好处得捕捉人物性格，他说："很简单，我只是看着他们。"

"你是如何刻画出他们的性格呢？难道不需要对他们的生活方式和历史背景做大量的研究吗？"我问。

“不用，莉尔，我仅仅看着他们就够了。”

“啊？”

他接着解释道：“从每个人的外表、仪态以及走路的方式，就能看出他们的内在性格。例如……”他一边说一边让我看一个文件夹，里面都是些政治人物的漫画。

“瞧，”他指着历任总统的千姿百态说，“这是孩子气的克林顿，”嘴角略微上扬；“尴尬的老布什，”肩角稍稍向下倾斜；“迷人的里根，”我注意到前总统笑眯眯的双眼；“机智的尼克松，”脑袋偷偷歪斜；再往后翻阅，他掏出富兰克林·罗斯福的画像，指着上面笔直高耸的鼻子说，“这是骄傲的罗斯福。”这些个性都仅凭脸部和身体就能表现出来。

第一印象是不可磨灭的。因为，在当今世界，我们每一秒钟都经受着快节奏生活与超载资讯的双重刺激和狂轰滥炸，人们的思维时刻处于飞速旋转中。我们必须迅速对外界进行了解，判断接下来应该怎么做。无论何时何地遇见某一个人，我们都会在脑海中对他形成一个简单的印象，而在往后很长一段时间内，这个印象将成为我们和他打交道的基础数据。

听！开口之前，身体在说话

他们的数据精准吗？惊人的准确。纵然你没有开口，没有发出任何声音，你的本质也已经以精简的方式发送到别人的大脑。无须你说一句话，你的形象与仪态占据了别人对你第一印象的 80% 以上。

我在许多国家的生活和工作中都没有使用当地语言，然而即便彼此之间相互听不明白，这些年来的经历也证明我的第一印象都很准确。每当遇到新同事，我都可以立即判断出他们是否友好，是否自信

以及在公司中有怎样的地位。仅仅从他们的仪态，我就能觉察出谁是重量级人物。

我没有超感应力，你也没有，那么如何做得到呢？研究显示，在你有时间进行理性思考之前已经有了对某人的第六感，而我们的大脑是在产生了情绪反应之后才开始记录引起反应的原因。[4]因此当有人看你时，他正经历着一个第六感的“巨大冲击”，这个冲击影响并奠定了整段关系的基础。罗伯特告诉我，他是在漫画创作中抓住了这道冲击。

为了给本书发掘更多素材，我问罗伯特：“如果你想塑造某个人，嗯，他相当冷静、睿智、坚强、迷人、有魅力、有原则、有爱心、关注他人……”

“容易。”他打断我，他似乎准确地知道我指的是谁。“只要给我一些姿势、机智灵活的神态、自信满满的笑容，以及真诚率直的凝视。”这就是某大人物的理想形象。

如何看起来像一个特别的人

我的朋友卡伦是家具行业里一位备受同行尊崇的专家，她的丈夫在通信领域也同样赫赫有名。

每当卡伦出席家具行业的活动时，每个人都对她毕恭毕敬。在这个圈子里，她是非常重要的人物。在会上，同行们争着抢着坐在她身边，只为了让别人看到自己正与她闲聊，他们更希望能被行内权威媒体，如《室内家具经理人》（*Home Furnishings Executive*）与《家具世界》（*Furniture World*）拍到与她有所交往。

然而，卡伦却抱怨陪同丈夫出席通信界宴会的她只是一个无名小卒，带孩子们参加学校的活动时，她只不过是一个母亲而已。她曾经

问我："莉尔，怎样才能在人群中脱颖而出，使不认识我的人也会跟随我，或者至少认为我是一个有趣的人？"在本节中将详细讲解此类技巧。如果你采用了接下来的9个技巧，那么，你遇到的每个人都会觉得你是一个特别的人，无论在哪个圈子里，你都能像耀眼的明星一般非同凡响。

就让我们从你的微笑开始。

展现魅力十足的笑容

在《人性的弱点》一书中，戴尔·卡耐基提出了受人欢迎的六大要诀，其中之一就是微笑。他的观点犹如圣旨，此后几乎每个时代的沟通大师都争相效仿，并在此基础上写作了无数的文章，发表了无数场的演说。不过，在这个日新月异的时代，微笑在高层次人际关系中所起的作用需要重新审视。在深入研究戴尔·卡耐基的名言之后，你会发现他在书中所提倡的“快速微笑”并不总是奏效，尤其是在当今这个快节奏的年代。

对久经世故的人来说，传统的“即时笑容”已经打动不了他们。看看世界各地的国家领导人、谈判专家和富商巨贾吧，他们的笑容并非一味阿谀谄媚。与此同时，各行各业的精英都力图让自己的笑容更丰富多彩。这些人的笑容具有强大的感染力，如果他们笑了，全世界也会跟着他们一起笑。

研究人员曾对几十种不同类型的笑脸进行分门别类，有骗子担心谎言被揭穿时紧绷神经、惶恐不已的笑；有婴儿被逗乐时清脆悦耳的笑；有朋友欢迎你到来时发自内心的笑；有春风送暖的笑；有冷若冰霜的笑；有真心实意的笑；有惺惺作态的笑。这些笑脸都是你曾见到过的。

社交大赢家都知道他们的笑容是最强有力的武器之一，并时时对

这个武器进行精确调整以达到最佳效果。

调整你绽放笑容的速度

去年，我的大学老友米西接手了她的家族企业，那是一家为制造商提供瓦楞纸箱的公司，位于美国中西部。

一天，她打电话说要来纽约开发新客户，并邀请我与她的几个潜在客户共进晚餐。我期待着再次看到老朋友那明朗灿烂的笑容，听到她极具感染力的笑声。米西是一个酷爱欢笑的人，当然，这也正是她的可爱之处。

去年，她的父亲去世后她接手了公司。我曾经以为，作为残酷商战中的 CEO，米西的性格过于天真活泼了。但是，嘿，谁知道呢？毕竟我对瓦楞纸箱业务一无所知。

我和米西还有她的 3 个潜在客户在市中心饭店的鸡尾酒吧间碰了面。随后，在去餐厅的路上，米西在我耳边低声说："今晚叫我梅利莎。"

"当然，"我眨眨眼睛回应她，"没有多少公司总裁会被称为米西的（Missy 在英语里有小姑娘、毛丫头之意——译者注）！"

侍者把我们领到餐桌前坐下。没多久，我就注意到梅利莎不再是我在大学里认识的那个经常咯咯笑的小姑娘了。虽然她还是那么迷人，也与以往一样时不时笑逐颜开，但我还是隐约觉得有些地方不一样了。

梅利莎依旧谈笑风生。不过，我明显感觉到，她在笑声中所说的一切都更真诚更有见地。她一直真心诚意地对待她的潜在客户，他们也感受到她那份真诚与温暖。晚宴结束时，梅利莎多了 3 个新客户，算得上是大获全胜。

后来，和米西单独在一起时，我说："米西，自从接管公司以来，你的进步真的很大。你变了很多，嗯，多了一种从容不迫、敏锐机智的企业领导人气势。"

"嗯，实际上只有一件事改变了。"

"那是什么？"

"我的笑容。"

"你的什么？"我不解地问。

"我的笑容。"她重复道。

"你瞧，"她说着，眼里流露出一股茫然的神色。"在我父亲刚生病那会儿，他就知道我必须在几年内接管公司，然后他让我坐在他身边和我聊了起来。那是一场改变我一生的谈话，我永远也不会忘记。爸爸说：'米西，宝贝儿，记得那首老歌吗："我爱你，宝贝，但你有一双大脚丫？"如果你打算在纸箱行业做强做大，那么我要说："我爱你，宝贝，但你笑得太快了。"'

"然后，他拿出一张泛黄的报纸，里面有篇文章引述了一项关于职业女性的调查研究。这份研究显示，在职场中，缓缓微笑的女性显得更可信。他专门为我保留着，等待一个适当的时机给我看。"

随着米西娓娓而谈，我开始思考历史上那些引人瞩目的女性，例如撒切尔夫人、英迪拉·甘地、戈尔达·梅厄、奥尔布赖特以及其他极具影响力的女性。没有人是因快速展露笑容而闻名的。

米西接着说："研究还表明，灿烂和温暖的笑容是一种优势，但只有和缓的笑才是最有价值的东西，因为这样显得你更加可靠可信。"从那一刻起，她向客户和生意伙伴展现灿烂笑容的同时，还训练自己的嘴角更缓慢地上扬。于是，在她的客户看来，她的笑容显得更真诚、更个性化。

原来如此！米西和缓的微笑让她贴上了诸如"丰富""深沉""真

诚”的标签。虽然这种微笑的持续时间不到1秒钟，但看到它的人都会觉得自己受到了高度重视，并且会认为如此迷人的微笑只为自己展露。

我决定更深入地研究微笑。我观察街上和电视上的笑容，观察政客、神职人员、企业巨头和世界领导人的笑容。那么，我找到了什么呢？我发现只有缓慢露出的笑容才让人们觉得最可信、最真诚。如果你这么做了，笑容就会从你脸上渗出。最终，这股笑意会像洪水一样将别人包围。所以，我把下面这个技巧称之为“洪溢式微笑”。

技巧1　洪溢式微笑

当你跟某人碰面时，不要立即微笑，那样会显得好像每个走进你视线的人都是你微笑的对象。而你应该先注视对方1秒钟，然后停顿一下，把这个人的形象铭记在心里。随后再绽放出灿烂、真诚的笑容，并让你的脸庞和眼睛里都充满笑意。这会让对方仿佛沉浸在一股温暖的浪潮中。要知道，微笑时的瞬间延迟会让人们感觉到你的真诚，并且认为你的笑容只为他们绽放。

建立良好的目光接触

我们不妨稍稍夸张地说，特洛伊战争中的美女海伦可以用眼睛让战舰沉没，而戴维·克罗克特（Davy Crockett，美国著名的民间英雄，曾在9个月里捕杀了105只熊——译者注）能够盯得一头熊局促不安，不敢与他对视。夸张归夸张，人的眼睛的确威力无边。你的眼睛就是你的核武器，拥有引爆别人情绪的力量。

我们的文化一般认为，热烈的目光接触对社交非常有利，尤其是在男女之间。目光接触会在男人与女人之间形成一股强大的冲击力。对此，波士顿的一家机构展开了相关研究。[5]

研究人员让每两名异性参与者组成一组，彼此闲聊2分钟。他们指示其中一个组员计算搭档的眨眼次数，目的是为了让他们维持热烈的目光接触。而对于另一个组员则没有给予任何特殊的目光接触指示。

事后，他们对这些参与者进行了询问。毫无戒心的眨眼者汇报说，他们明显感受到来自同伴的尊重和喜爱。不过，他们并不知道他的搭档其实只是在计算他的眨眼次数而已。

我曾经与一个陌生人产生过热烈的眼神交流。那是在一个几百人参加的研讨会上，人群中的一个女人引起了我的注意。她的外表并没有什么独特的地方，但在我的整场演讲中，她成为了我关注的焦点。为什么呢？因为她的目光从未离开过我的脸。甚至每当我讲完一个观点，短暂沉默一下的时候，她的目光依旧如饥似渴地停留在我的脸上。这让我感觉到她迫不及待地想要品味下一个从我嘴里吐露出来的深刻见解。她的专注鼓舞了我，使我迅速记起一些趣闻逸事与久已淡忘的重要观点。更重要的是，我喜欢这种感觉。

演讲一结束，我决定去找找这位对我的发言如此着迷的新朋友。那时人们正步出大厅，我很快走到我这个超级粉丝的背后。“打扰一下，”我说，但我的粉丝继续往前走。“打扰一下，”我又大声地重复一次，可我的仰慕者并没有停下她的步伐，继续向大门走去。我跟着她到了走廊，轻轻地拍了一下她的肩膀。这一次，她迅速地转过身来，脸上有一丝惊讶。我低声地解释，对她如此关注自己的演讲很是感激，并且希望能够问她几个问题。

“嗯，这个研讨会让你学到不少东西吧？”我试探性地问道。

“嗯，不是。”她坦率地回答，“我很难明白你在说什么，因为你总是走来走去，而且面向讲台的不同方向。”

我立刻明白了，这位女士听觉受损。我并没有如我所料那般让她着迷，她也没有像我期待的那样对我的演讲很感兴趣。她一直把视线定格在我脸上的唯一原因是，她在努力读我的唇语！

不过，在整个演讲过程中，她的目光接触给予了我莫大的鼓舞和愉悦感。后来我请她喝了杯咖啡，花了一个小时为她重述整个研讨会的内容。你看，我没有说谎，这就是眼神交流的强大力量。

让你的目光显得更睿智

除了唤醒尊重与喜爱之情，热烈的目光接触还能让别人觉得你是一个睿智的人，善于抽象思考。人们认为，与善于形象思考的人相比，善于抽象思考的人更懂得整合传入的数据。即使在沉默中，他们也能

读懂别人的眼神，其思维过程不会由于凝视对方的双眸而受到干扰。[6]

耶鲁大学的研究人员认为他们掌握了目光接触的真相，并进行一项研究以确认他们的假设，即“越频繁的目光接触给予人越积极的感受”。他们指示参与者对听众进行袒露真情的独白，要求后者一边聆听一边给予他相应的目光接触。

结果如何？当女人向女人倾诉她们的个人经历时，一切如预期所料，随着眼神交流次数增多，彼此的亲密感也增强了。但男性正好相反。一部分男人被另一个男人盯的时间长了，会认为对方怀有敌意，并感觉自己受到威胁；少数男人甚至怀疑他的伙伴对他有“特别兴趣”。

深邃凝视所引起的情绪反应是有生物学基础的。当你专注地看着某人时，会让他心跳加速，并且分泌出一种类似肾上腺素的物质随血液涌动。[7]这与人们坠入爱河时的生理反应相同。在正式的商务社交或非正式的日常社交中，有意识地增加与人目光接触的次数，会让别人以为自己深深地吸引了你。

与异性交谈时，可以采用我称之为“黏性目光”的技巧，这会给目光的接收者带来喜悦。这种技巧可以传播你内心深处对别人的理解和尊重，并让你在社交场合展现自己的优势。

技巧2　黏性目光

把你的视线想象成是温暖黏稠的太妃糖，专注地粘牢你的谈话对象。即使他说完话之后，也不要转移你的视线。如果你必须移开视线，那么要恋恋不舍地缓慢移开，就好像直至太妃糖最细微的“糖丝”断了为止。

男人 vs 男人版的目光技巧

现在，让我们谈谈男人 vs 男人版的目光技巧。先生们，和同性交谈，你同样可以使用“黏性目光”。只是与其他男人探讨私事时，要让黏性少一点，否则你的听众会误解你的意图或者觉得受到威胁。但如果是进行日常交流，那么可以比正式场合稍微增加一些目光接触。

我有一个叫萨米的推销员朋友。他给人的印象是一个傲慢自大的小伙子。其实他并不是这样的人，但有时他那唐突鲁莽的处事方式让人觉得他在肆意践踏别人的感情。

有一次，我们在一家餐馆吃饭，我给他讲了“黏性目光”的技巧。我猜他可能记在心上了。当侍者走过来时，萨米不再一边埋首菜单一边脱口点菜，而是一反常态地看着服务员。他先微笑着点了开胃菜，然后在选择主菜前，把目光停留在侍者身上的时间延长了 1 秒钟。我无法描述那时的萨米看起来是多么的不同！仅仅多 1 秒钟的目光接触就让人觉得他是个敏锐而体贴的人，我也看到了这在侍者身上所产生的影响，那晚我们都享受到了非常贴心的服务。

一周后，萨米打电话给我，“莉尔，‘黏性目光’改变了我的生活。我一直遵照这条法则与女性交往，像蜜糖一样牢牢地盯着她们，而对于男士们就比较轻微。现在每个人都非常尊重我。我想这也是我一星期的销售业绩就远远超过上个月的原因之一吧！”

如果你的工作要求你直接面对客户，那么“黏性目光”对你大有裨益。在大多数人看来，深邃的目光接触代表着信任、理解以及一种与你同在的态度。

用眼神让别人爱上你

现在，让我们搬出眼神交流的重炮：黏性十足的目光，也可以叫强力胶眼神，让我们称之为“胶着目光”吧。大老板往往用“胶着目光”来评估员工，警方调查人员用“胶着目光”震慑犯罪嫌疑人，而聪明的痴情男人用“胶着目光”让女人坠入爱河。如果制造浪漫是你的目标，那么“胶着目光”就是一剂经久不衰的春药。

使用“胶着目光”技巧至少要有3个人——你、你的目标对象和另外一个人。下面是它的运作原理。通常，跟两个以上的人聊天时，你通常会盯着正在说话的那个人看。不过，“胶着目光”技巧建议你专注于你的目标对象，而非说话的那个人。这会使目标对象稍感迷惑，他会在心里默默地嘀咕：“为什么这个人不看说话的人而看着我呢？”他会觉得你对他非常感兴趣。所以，在一些特定的商业场合中，这个技巧将会让你占据一个很有利的位置。

人力资源主管经常使用“胶着目光”。不过，他们没有纯粹把它当成一种技巧，而是用来关注准雇员对其提出的某些观点的反应。律师、老板、警方调查人员、心理学家以及必须检查当事人反应的其他人员都可以使用“胶着目光”对目标者的反应进行分析。

技巧3　胶着目光

这种明目张胆的技巧包含了一股强大的力量。即使别人正在侃侃而谈，你也要盯着你的目标，无论是谁在发言，坚持盯着你的目标对象。

有时候这个技巧的力道可能过强，那么我有一个尽管温和但仍然奏效的建议：你的眼睛看着说话那个人，不过每当他有所停顿时，你的眼神就要转移到目标对象身上。如此一来，目标对象仍能感觉到你的注意，不过他紧绷的神经会得到舒缓。

使用“胶着目光”点燃伴侣的情欲之火

当一段风流韵事一触即发时，此时“胶着目光”则传递着另一种信息：“我无法把目光从你身上移开”或“我只在意你”。人类学家称这种眼神为“情事的初步感官”。研究显示，激烈的目光接触会让我们心跳加快，[8]让我们的神经系统释放一种类似药物的物质——苯乙胺，这是性亢奋时在人体内发现的激素。所以很容易得出推论，激烈的目光接触可以挑起情欲。

对小伙子来说，“胶着目光”对女人可是非常有效的，前提是她对你有好感。不过，如果她不喜欢你，你的“胶着目光”会让她觉得你粗鲁无理。（切勿在公共场所对陌生人使用“胶着目光”，否则你可能引起麻烦！）

4 呈现大人物般完美的姿态

还记得歌舞剧传奇巨星雪莉·巴锡那首老歌吗？“当你走进夜总会，我就能看出你是一个与众不同的人——一个真正的大富豪。貌似潘安，风度翩翩。难道你不想知道我正在想什么吗？”

这个技巧的目标不是让你看起来像一个挥金如土的暴发户。相反，它是教你如何让别人一看到你就觉得你是一个如假包换、非常重要的大人物。

当医生用讨厌的小锤子敲击你的膝盖时，你的小腿会抽动一下。你的身体还有另一个本能反应：当你感受到幸福快乐，觉得自己是一个胜利者时，你会无意识地昂首挺胸，嘴角不自觉地上扬，眼里荡漾着柔柔的笑意。

这就是胜利者一贯的表情。他们的姿态和举止，都显得很有自信。笑容中也充满了自豪。毫无疑问，良好的姿态透露出你是常常成功的人。

不计其数的母亲要求孩子要抬头挺胸；成千上万的老师告诉学生要“挺直腰杆！”因为错误的举止、低垂的肩膀、羞愧的神色，都可能意味着你玩完了，如同走钢丝的杂技演员摔下去一样。

我永远不会忘记妈妈第一次带我去马戏团看杂技的情景。当 7 名男女跑进舞台中央时，观众们如同连体婴儿般同时起立并爆发出雷鸣般的掌声和欢呼声。妈妈附在我耳边，带着虔诚的语气低声说，这就

是伟大的沃伦达家族（Wallendas，著名的钢丝表演家族）。他们是世界上唯一不用安全网，进行高空金字塔表演的马戏团。

当卡尔·沃伦达与赫尔曼·沃伦达用德语暗示他们信任的亲密伙伴时，人群瞬间变得鸦雀无声，马戏篷中听不到一丁点儿咳嗽声或吃吃喝喝的吧嗒声。他们小心谨慎而又庄严肃穆地进行“叠罗汉”表演。然后，在没有安全网的情况下，他们在距离硬邦邦的地面数百英尺的细线上摇摇欲坠地维持平衡，生死悬于一线间。那场景我至今难以忘怀。

对我来说，同样令人难忘的是，7 位沃伦达家族成员跑进马戏场中央谢幕时的美丽与优雅。他们排列整齐，昂首挺胸、气宇轩昂、超尘脱俗。他们身上的每一块肌肉都彰显着骄傲、成功和喜悦。

你的姿态是你的成功晴雨表

想象你是一位世界著名的走钢丝杂技演员，正等在后台的高台上，马上你就要迅速奔向舞台中央，你将用身体的平衡吸引台下观众的目光。

在走进任何一道门之前——那道门可能通往你的办公室、聚会、会议厅甚至你的厨房——设想门框上悬挂着一小块钻石，它刚好在距离你头顶 1 英寸的地方晃悠。当你穿过这道门时，你要努力用脑袋碰到它，同时想象你嘴里正咬着个牙齿矫正器，这一则让你嘴角上扬，二则让你精神振奋。当你鹤立于骚动的人群之中，你的身体伸展挺直——抬头，收肩，缩臀，轻松站立。你站在帐篷的顶端，犹如万众瞩目的明星，引起人群的惊讶与羡慕，他们都伸长脖子望着你。现在你看起来就像一位大人物。

有一天，为了测试这个诀窍的有效性，我决定计算一天内穿过门

的次数：60次！包括家里和办公室。每天做同一件事60次，这足以形成一种习惯！良好的习惯性姿态是成功者的第一个标记。运用这种简单的"可视化技术"，会让你整个人看起来像个已经习惯自豪、成功和喜悦的胜利者。

现在，你已经准备好迈进房内吸引别人或兜售自己了（或仅满足于在某种场合中看起来像个最重要的大人物）。

现在，你已经具备艺术家罗伯特所刻画的作为成功人士的一切基本要素。就像他所说的："非凡的姿态是一副胸有成竹的表情，一个自信满满的笑容以及一道直接注视的目光。"这就是大人物理想的形象。

技巧4　咬牙咧嘴

设想你穿过的每一扇门都挂着一个用于表演空中飞人的铁下巴，用牙紧紧地咬住，固定在齿间，想象着你被吊升到高空，当你咬紧牙根咧开嘴时，你脸上的每一块肌肉都将被拉伸成最完美的姿态。

准备妥当之后，你可以走进门去，迷倒大家（或者只是走进去，以一种重要人物的形象）。

5 回应“大小孩”心态

每当人们和某人见面，都会自觉或不自觉地猜测：他会对自己做出怎样的评价。

他在看着我吗？他笑了吗？他喜欢我吗？他是否认为我既出色又特别呢？人们喜欢那些看好或善待自己的人，觉得他有品位。相反，如果他转身离开，表现得对自己毫无兴趣，恐怕很多人会在心里骂一句“笨蛋”吧！

挑选陪审团成员的律师敏锐地觉察到了这一点。他们密切注意你身体的本能反应。他们会观察你是否神色自如，回答问题时是前倾还是后仰，双手是轻轻摊开掌心向上还是轻微地握拳。当谈论到相关主题，譬如对死刑或庞大的损害赔偿额的感受，他们会仔细观察你移开目光接触一瞬间的面部表情。有时，律师会携同一名法律助理。这位助理唯一的工作就是坐在旁边，精确记录你坐立不安的次数。

然后，律师和助理会为你反馈回来的几十个潜意识信号打分。根据他们的评分，你可能会成为陪审团的一员，也有可能在等候室无聊地浪费时间。

人们在打量你——你要在 10 秒内给出回应

律师可以决定要不要你加入陪审团，现实生活中，每个人也在潜

意识里决定是否要你进入他们的生活，他们会提出一个无声的问题："你觉得我怎么样？"你的身体语言是他们做出决定的最大根据。

你们接触的最初几秒钟你的反应甚至决定了你们整个关系的走向。如果你对这段新的关系有所期待，你对他无声提问的无声回答一定是："我真的喜欢你！"

如果 4 岁的小约翰尼觉得害羞胆怯，他会低垂着脑袋，双臂放在胸前，不断地后退，藏到妈妈的裙子后面。但是，如果看到的是爸爸，他就会立即眼前一亮，张开双臂笑着跑过去索要爸爸抱。一个充满爱的小孩就像一朵含苞待放的花蕾，朝着阳光灿烂绽放。

对于生活在地球上的生物来说，20 岁、30 岁、40 岁、50 岁都没多大差别。当 40 岁的约翰尼觉得胆怯，也会耷拉着脑袋并把双臂抱在胸前。当他想要拒绝推销员或同事时，会转身离开，并以无数身体信号进行自我隔绝。然而，当欢迎心爱的人时，他会向她敞开胸怀，就像暴雨过后的阳光下尽情绽放的一朵巨大水仙花。

要像对待大小孩一样对待大人

一次，我和一个刚离婚但极具吸引力的朋友卡拉去参加一个企业酒会。卡拉曾是一家大牌广告公司的撰稿人，但由于金融危机，她被辞退了，既没有了工作又失去了爱人。

对卡拉来说，无论于公于私，这个特别的酒会都是个很好的机会。卡拉和我站在一旁聊天的时候，某个英俊的企业精英和其他成功人士就在我们几英尺范围内徘徊。这些出色的男人会对卡拉露齿一笑。有时，她也会对这个试探着献殷勤的男人回眸一笑。但紧接着，她又会回到我们寻常的闲聊中，仿佛一直在倾听我的每句话。我知道她是不想让自己看起来显得那么急切，但卡拉却在心里大声呼喊："为什么他还不来跟我说话？”

又有一位出类拔萃的企业才俊对这边笑了笑，但因为卡拉的反应太少了，他又踱回到社交丛林中。我不得不说：“卡拉，你知道这是谁吗？他是巴黎一家知名广告公司的负责人，而且他还是单身呢！”卡拉的脸上流露出一丝懊恼的神色。

就在这时，我们听到一个细微的声音。“嗨！”我们同时低下头。那是女主人可爱的小儿子——5岁的小威利，正用胖胖的小手攥着卡拉的裙子，显然希望别人注意自己。

“好啦，好啦，”卡拉叫道，脸上绽放出灿烂的笑容。她转向小威利，蹲下来拉着他的手臂，低声说道，“嗯，你好啊，威利。你妈妈的这个派对很棒，喜欢吗？”

小威利笑了。

当小威利走开，去拉扯下一个潜在关注者的衣裳时，我和卡拉又回到我们成人的交谈中。在我们聊天期间，企业界追逐者们继续用他们的目光悄悄接近卡拉，而她也继续对他们示以淡淡的微笑。显而易见，她非常失望，因为他们当中没有一个人做出进一步的行动。我实在忍无可忍：“卡拉，你有没有注意到，有四五位男士走过来并对你微微一笑。”

“是的。”卡拉低声说，她的眼睛紧张地四处扫视，唯恐有人偷听到我们的谈话。

“你也对他们微微地笑了一下。”我继续说道。

“是的。”她嘀咕着。我这样说让她感到一头雾水。

“还记得小威利走过来拉着你的裙子吗？还记得那时你是怎么笑的吗？那是多么美丽灿烂的笑容。现在向那位男士转过身去，并欢迎他加入我们的话题。”

“嗯。”她有些吞吞吐吐。

“嗯，卡拉，我有一个要求。我想让你给下一位男士一个灿烂的笑容，如同你对小威利那样地笑，甚至像对小威利那样，伸出手触摸他的胳膊，然后欢迎他参加我们的聊天。”

“莉尔，不行啦。”

“卡拉，试一下嘛！很简单，就像你之前做的那样。”果然，几分钟之内，又有一位迷人的男士在我们身边徘徊，并笑了笑。卡拉把她的角色发挥得淋漓尽致。她嘴角上扬，露出美丽的牙齿，并转过身来对他说：“你好，来加入我们吧。”他不失时机地接受了卡拉的邀请。

过了一会儿，我找借口抽身。他们正聊得热火朝天，竟然没有注意到我的离开。当我最后瞥了一眼我的朋友，发现她正挽着她的新朋友高谈阔论。

此时，被我称之为“大小孩心态”的技巧诞生了。这将帮助你在社交丛林中赢得你想要的一切。

记住，每个人内心深处都深藏着一个大小孩，他把儿童床弄得咯咯响，号啕大哭着想要别人认同自己是多么特别。

技巧5　大小孩心态

回应每个遇见的人的“大小孩心态”。从认识别人那一刻起，就要积极回应。要亲切地绽放你的笑容，整个身体转向他，全神贯注地看着他，就像对待小孩子那样。如果有个小孩子爬到你脚边，仰着可爱的脸蛋儿望着你，露出满脸无邪的灿烂笑容，你肯定会100%地注意他，那么对你遇到的每个人都这么做吧。初识者面对这样全身心的关注，会觉得你在对他说：“我觉得你非常非常特别！”

6 让他人感觉“一见如故”

激励演讲大师金克拉[9]曾告诉我：“人们不在乎你对他们了解多少，他们只知道你对他们关注多少。”千真万确，让别人喜欢你的秘诀就是向他们展示你有多喜欢他们！

你的身体就是一个24小时的广播电台，向任何人精确地透露你在任何特定时刻的感受。就算你的咧嘴笑正在获得他们的尊敬，你的洪溢式笑容和大小孩自我中心让他们感觉自己很特别，而且你的黏性目光正在捕捉他们的心，但你身体的其余部分却可能泄漏了与此不一致的信息。如果你想要有效地呈现出“我在乎你”的态度，那么，从你额头上的皱纹到你双脚的姿势，每一寸都必须表现得同样完美。

不幸的是，当遇见某个人时，我们的大脑常常处于超负荷状态。记得莎士比亚的《恺撒大帝》吗？当他谈及卡修斯时是这么说的，他“长得一副面黄肌瘦的饿鬼样……他想得太多了……这样的家伙很危险。”当与新朋友交谈时，我们的大脑何尝不是如此，变得瘦骨伶仃和饥肠辘辘。由于急于从他人那里获得自己想要的东西，人们往往思虑过多，不能做出坦诚和无意识的友好回应。结果极有可能损害友谊、爱情和生意。

我们的身体每秒钟都在发射着数万颗子弹，其中有那么几发很容易走火，泄漏了我们害羞或隐藏的敌意。所以，我们需要一种技巧确

保每一击都能准确“击中”目标对象的心，这需要诱使我们的身体做出完美的反应。

为了找到这种技巧，让我们回忆一下，不用担心自己的肢体语言会流露出任何羞怯或消极信息的场合，那就是当我们感觉不到周围有任何人存在的时候。我们与密友聊天就会有这种感觉。当我们看到深爱的人或让自己彻底放松的人时，会不由自主、完完全全地给予热情的回应。我们露出灿烂的笑容，张开手臂走过去。那一刻，我们的目光柔和而明亮，我们掌心朝上，甚至整个身体都会转向亲爱的朋友。

如何诱使你的身体表现得恰如其分

当你遇见某人时，先在你的脑海里把他设想为和你有着多年深厚情谊的老朋友，但由于某种原因，你失去了他的音讯。你竭尽所能寻找你的好朋友，但电话本上没有联系号码，没有在线信息，你们共同的朋友也没有任何线索。

突然，哇！真是意外的惊喜！这么多年之后，你们俩终于团聚了，真是太高兴了！

此时请中止假想。很显然，你不会对刚认识的人说，你们是失散的老朋友。你不会跑过去拥抱和亲吻，并说：“很高兴再次见到你！”或“这些年来你好吗？”你只会说“嗨”“你好”“我很高兴认识你”。但是在你心里，要把这次相遇当作一个非比寻常的故事。

你将会为之惊讶，你的脸、你的身体语言都洋溢着重逢的喜悦。有时我开玩笑说，如果你是一只狗，你得摇摇尾巴；如果你是一道光，那么你得照射在别人身上。你会让这个新认识的人觉得他自己确实非常特别。

这是一种可实现一切的“可视化技术”，它保证你遇到的每个人都会感受到你的温暖。我把它称为“你好，老朋友”。

技巧6 “你好，老朋友”

初次和某人见面时，把他想象成一位老朋友（老客户、旧情人，或是某个与你有过深厚情感的人）。只不过生活的无常让你们天各一方。但是，今天这个派对（会议或聚会）让你和久违的老朋友重聚了！

这么想想所带来的愉快感受会感染到你的全身，于是你从头到脚，每个眼神和姿态都不知不觉间变得柔和了，别人眼里的你也越发亲切起来。

在研讨会上，在大家学习“你好，老朋友”的技巧之前，我先要求他们向另一个参与者进行自我介绍。此时的小组讨论就像是一次愉快的半正式聚会。后来，我要求他们把另一个陌生人想象成老朋友做自我介绍，当他们使用了“你好，老朋友”后，整个气氛变得生机勃勃，与之前有天壤之别。大家兴致勃勃，更加开心，靠得更近，而且不断擦出火花。

一个字都不用说

“你好，老朋友”技巧的好处是显而易见的。每当在其他国家旅行，又不会说本地话时，一定要使用它。如果在一个圈子里，大家都说陌生的语言，不妨想象一下他们是你的老朋友，那么什么问题都没有了！尽管你一个字都不懂，但整个身体仍然会表现出意气相投，乐于接近的反应。

我在欧洲旅行时也采用了“你好，老朋友”技巧。后来，生活在那里的朋友告诉我，他们的欧洲同事说我是他们见过的最友好的美国人。实际上，我们之间一个字也没有说。

一个自我实现的预言

“你好，老朋友”技巧的一个额外好处是，当你表现得似乎很喜欢某个人时，你会真的逐渐开始喜欢他们。在这个意义上，它更像是一个自我实现的预言。艾德菲大学的一个研究报告“行为使信仰成真”证明了这一点。[10] 10 名研究人员告诉志愿者，要把目标对象当作自己喜欢的人来进行交流。调查结果表明，志愿者最终真的喜欢上了目标对象。研究人员也对毫无戒心的对象进行了一番调查。调查显示，目标对象对假装喜欢他们的志愿者也怀有相当高的尊重与喜爱之情。所以得出的结论就是：爱人，别人就会爱你；喜欢人，别人就会喜欢你；尊重人，别人就会尊重你。使用“你好，老朋友”技巧，很快你就会拥有许多新的“老朋友”，而且他们最终都将真的喜欢你。

给所有人值得信赖的形象

我的朋友海伦是一位德高望重的猎头，她为客户物色出色的雇员。我曾向她咨询过成功的秘诀，她说:“可能因为我总能识别出求职者是否在说谎。”

“你怎么知道？”

她说:“嗯，上周我面试了一位年轻女子。她应聘的职位是一家小公司的营销总监。整个面试过程中，她始终维持一种坐姿，左腿交叉架在右腿上，双手从容地放在膝上，目光直视着我。我询问她的薪水，她的目光没有从我身上移开就告诉我了。我问她是否喜欢她的工作，她依旧直视我的眼睛说:‘是的。’然后我问她为什么要辞掉上一份工作。这时，她的视线飞快地转移了一下，又重新接触我的目光。然后，在回答这个问题时，她改变了坐姿，把右腿交叉架在左腿上，还把手放到嘴边。”

海伦说:“这就是我所需要的。从她的言语中我得知，她觉得‘以前那家公司限制了她的发展机会’。但她的身体却告诉我她有所隐瞒。”

海伦说，单凭这名年轻女子的局促不安无法证明她在说谎。这已经足够了，不过她想要进一步探究真相。“我改变了话题，问她对未来的目标。这时，她停止了坐立不安，合上双手放在腿上，并告诉我她一直希望在小公司工作，那样能亲自参与多个项目。”

“然后，我重复了刚才的问题，是否仅仅因为缺少发展机会而使她离开之前的职位。果然，女孩再次坐立不安，目光即刻游移了一下。当继续谈论前一份工作时，她开始揉搓前臂。”

海伦继续盘问，最终发现了真相。这位求职者被解雇的原因是与市场营销总监产生了难以解决的矛盾。

面试求职者的人力资源专家与审问犯罪嫌疑人的警察都对测谎训练有素，他们明确地知道要寻找什么信号。他们虽然不熟悉欺骗的相关具体线索，但仅凭第六感就能感觉到别人是否在说谎。

最近，我的一个同事正在考虑聘请一位内部订舱代理。在面试了一个人之后，她对我说：“我真的不认为他有那些成就。”

“你认为他在说谎吗？”我问。

“当然，但是我无法说出原因。他直视着我，直截了当地回答了所有问题，但我总感觉哪里不对劲。”

现在有很多地方使用测谎器。有趣的是，测谎器并非绝对的谎言探测器！机器可以做到的仅是检测出人们自主神经系统的波动现象——呼吸、出汗、潮红、心率、血压和其他情绪变化。

那么，测谎器得出的结果是否精准呢？嗯，是的，通常八九不离十。为什么呢？因为一般人说谎时，都会情绪波动，相应地身体也发生一些生理变化。在这种情况下，任何人都可能坐立不安。但是经验丰富或经过训练的骗子却能够骗过测谎器。

别让真话成谎言

我们时不时会面临这样的难题：有时，我们并没有说谎，但却因谈话对象的原因而变得情绪化或内心深感不安。比如正在向漂亮女人

夸耀事业成功的年轻男人，身体可能会左右摇摆；而正在向重要客户侃侃而谈公司骄人业绩的女人则会轻轻抚摸她的脖子。

当然，这种情况也可能跟环境有关。并不觉得紧张的商人可能会因为房间内太热而松开衣领；正在户外演讲的政治家可能由于空气中的灰尘而反复眨眼睛。不过，无论什么原因，这种坐立不安的举动都会让聆听者感觉不对劲或认为你在撒谎。

对于尼克松来说，1960 年 9 月 25 日是让他声名狼藉的一天。那天，他与另一位总统候选人肯尼迪进行了电视辩论。尼克松没有化妆，显得坐立不安，并且在镜头前擦拭额头上的汗珠，这些行为让他最终落选。

有经验的人会自觉地隐藏这些会让人产生误解的动作。他们的目光始终锁定在听众身上，从不会把手放在脸上，也不会揉捏刺痛的手臂或挠擦瘙痒的鼻子。他们不会因为天气热而松开自己的衣领，也不会因为沙子而眨眼睛。他们不会当众擦拭微微沁出汗珠的额头，或用手遮挡阳光保护眼睛。

如果你想要给人留下完全可信的大人物印象的话，那么就要在与人交流时，努力抑制一切不相干的动作。我把这种技巧称为“限制小动作”。

技巧 7　限制小动作

每次进行重要交谈时，请别管你的鼻子痒、耳朵痛或脚部刺痒。不要坐立不安，动来动去，抓挠揉搓是最要不得的。最重要的是，手别往脸上去。一旦手往脸上靠，那么和其他小动作一样，都会让你的听众觉得你在撒谎。

8 让自己拥有超感知能力

汉斯是一匹非常聪明的马，本章中的相关技巧就是受到它的启发。汉斯的主人是一个柏林人，叫赫尔·冯·厄斯滕，他训练汉斯轻敲右前蹄来做简单的算术。汉斯的能力非常惊人，以至于在 20 世纪初，它的名声很快就传遍了欧洲各地。它被称为“聪明的汉斯”。汉斯会做的不仅仅是加法，它很快就学会了减法和除法。紧接着，聪明的汉斯又掌握了乘法表。最后，在它的主人不说话的情况下，汉斯也能计算出它的观众人数，戴眼镜的人数或回答人们提出的任何算术题。

最终，汉斯学会了区分人与动物的终极本领——语言。汉斯“学会”了字母。通过轻击马蹄，敲出每个字母对应的节拍，它能回答与任何事情相关的任何问题。它甚至可以回答关于历史、地理和人类生物学的普通问题。

汉斯成了头条新闻和宴会的讨论主题。“类人马”很快受到了科学家、心理学教授、兽医，甚至骑兵军官的广泛关注。不过，他们持怀疑态度，并设立了官方调查会，以确认那匹马究竟是一个聪明的诡计还是一匹天才马。无论这些人怎样怀疑，让大家有目共睹的是，汉斯是一匹非常聪明的马，与其他马相比，它是一个“大人物”。

大考验的日子到了，每个人都确信，那一定是汉斯的主人赫尔精心策划的一个骗局。礼堂内密密麻麻地站满科学家、记者、透视者、灵媒和马迷，他们都热切地期待着答案。精明的调查会成员非常自信这将是曝光汉斯诡计的一天。他们自有锦囊妙计：禁止赫尔出现在大厅上，让马单独接受测试。

人群都聚集到了一起。调查会成员告诉赫尔必须离开礼堂。主人一脸惊讶地离开了，而汉斯被一群人围在礼堂中。调查委员会的领导信心十足地向汉斯提出第一道数学题，它敲击出正确的答案！第二道题，它答对了！然后第三道题，紧接着是语言问题，它全部答对了！

调查会成员糊涂了，批评者也缄口不言，但是公众却不买账。他们发出强烈的抗议，坚持成立新的调查委员会。全世界都在等待，唯有让汉斯接受第二个调查委员会的考验。政府再次召集来自世界各地的科学家、教授、兽医、骑兵军官和记者。

第二个调查会先例行公事地问了一道简单的加法题，不过，这一次并非大声询问，而是由一位研究人员在汉斯耳边低声说出数字，第二位研究员再低声说出另一个数字。每个人都期盼汉斯能快速地敲出总数，但是汉斯却一动不动！啊哈！研究人员向等待的人们揭示了事情的真相。你能猜出是什么吗？(提示:当观众或研究人员知道了答案，汉斯也知道了。现在，你能猜到吗？)

当汉斯开始回答问题时，观众会发出微妙的紧张的身体语言信号，此时汉斯的蹄子开始敲击。然后，当汉斯给出正确的数字时，人们的反应是松一口气或稍微放松一下肌肉，在赫尔的训练下，汉斯在那时停止敲击。因此，从表面看，汉斯给出了正确的答案。

赫尔使用的这项技术我称之为“汉斯常识”。这种技术要求非常仔细地观察观众的反应，并做出相应的反应。这就是为什么当你和某些人交谈时，你会感觉他们比其他人更聪明一些。通常，他们不会探讨什么狂妄的话题，也不会使用不为人知的词汇。尽管如此，大家都在说，“她聪明绝顶”“他明察秋毫”“她见多识广”“他是可造之才”“她具备起码的常识”。

马都能做到的事，你当然也能做到

你是否曾试过在看电视时电话响了？别人会要你按下电视上的静音按钮，这样他们才能够交谈。现在因为没了声音，你更仔细地观看电视节目，你看到了演员微笑、皱眉、傻笑、斜视以及其他许多表情。你没有错过一丁点儿剧情，因为仅仅从他们的表情你就能识别出他们在想什么。“汉斯常识”就是观察人，看他们如何反应，然后做出相应的动作。即使在说话的时候，也要盯着你的听众，看看他们对你的发言做出怎样的反应，始终做到明察秋毫。

他们笑了？点头了？掌心向上？——他们喜欢听到的内容。

他们皱着眉头？要离开？紧握拳头？——也许他们不那么认同你的观点。

他们抚摸脖子？后退了？脚对着大门？——也许他们想逃走。

你不需要肢体语言的完整课程，你的生活阅历已经给了你一个良好的基础。大多数人都知道，如果谈话对象向后退或转移目光，证明他们对你所说的不感兴趣；如果他们觉得你讨厌极了，他们会摸一下自己的脖子；当他们感觉比你优越时，他们会把双手交叠成尖塔状。

技巧8　汉斯常识

形成双轨式谈话的习惯。表达自己观点的同时，要更加密切关注听众的反应，根据别人的反应，再做相应的行动。

如果马都能做到这一点，那么人也可以。其他人还会觉得你细心体贴，拥有丰富的常识。

9 确保一切尽在掌握

你在电视上看到过专业滑雪吗？在滑雪道的顶端，运动员的每块肌肉都蓄势待发，等待着把他推向最后胜利的枪声。如果你仔细观察他的眼睛，你将会看到他正经历着一个类似“灵魂出窍”的过程。他憧憬着“嗖”的一声滑下斜坡，在起点与终点之间来回穿梭，比人们期望的还快到达终点。

几乎所有运动员：跳水运动员、赛跑运动员、跳高运动员、标枪运动员、滑雪运动员、游泳运动员、滑冰运动员、杂技演员等都是这样。他们在表演之前预演着他们的魔法。他们看到自己的身体弯曲、扭曲、翻转或空中飞行；他们听到了风声、水花飞溅声、标枪呼呼声、落地扑通声；他们嗅到了青草味、水泥地味、游泳池味、灰尘味。在比赛之前，专业运动员就已经在脑海里观看了关于自己的整个“影片”，当然，“影片”的结局是他们的胜利。

运动心理学家告诉我们，“可视化训练”并非只针对一流的运动员。研究显示，心理演练有助于运动员提高诸如高尔夫、网球、跑步等运动技术。如果运动之前你先在脑海中设想你将看到的画面、听到的声音、感觉到的身体动作，那么你将会取得更优异的成绩。

“我一直在床垫上跑步”

这只是心理上的胡思乱想吗？绝对不是！我的朋友理查德是一位马拉松运动员。几年前，距离纽约马拉松大赛仅三个星期的时候，他被一辆失控的小轿车撞倒，所幸没有受重伤。不过，他必须在床上躺两个星期，而这会让他无缘大赛。

但在那个凉爽的 11 月的清晨，理查德却穿着他的小短裤和大跑鞋出现在中央公园的马拉松大赛上，这简直太令人惊讶了！

“理查德，你疯了吗？你跑不了吧！过去几个星期你都是在床上度过的！”我们都大叫起来。

“我的身体也许在床上，”他回答说，“但我一直在跑步。”

“什么？”我们齐声问。

“是的，每一天，26 英里，385 码，在我的床垫上。”理查德解释说，他设想自己正在参加马拉松比赛，他看到了自己穿越跑步过程的每一步，他看到了景色，听到了声音，还感受到了肌肉的运动。

虽然理查德并没有取得跟往年一样的成绩，但不可思议的是，他跑完了整场马拉松。没有受伤，没有过度疲劳，这都归功于他的“可视化训练”。所以，你也可以把这项技巧应用到所有的工作中，包括成为了不起的社交与沟通大师。

当你彻底放松，心里平静时，你才能看到清晰生动的画面，这时，可视化训练才会达到最佳效果。所以，在你前往派对、聚会或大型会议之前，请先在安静的家里或车里进行你的“可视化训练”，在你的脑海中提前把将要播放的“剧情”放映一遍。

技巧9 上场之前先在心里预演

提前排练你想要扮演的超级大人物，看看自己用完美的表情周旋在众人之间，带着洪溢式的微笑和黏性目光和大家握手，听听自己轻松自如地和别人聊天，感受每个人都被你吸引，享受身处巅峰的喜悦。想象自己是个大人物，那么一切都将自然而然地发生。

第二部分

招呼过后，激活谈兴

与别人交谈的时候，想象你们之间有一只巨大的旋转射灯，当你说话时，灯光就聚焦在你身上，当别人说话时，灯光又照射到他身上，要让灯光多照在别人身上，只有让对方说得更多，他才越会觉得你有趣。

正如第一眼应当让人们眼前一亮，你的第一句话也应该让他们赏心悦耳。舌头就是一块绣有“欢迎”或“走开”的可爱垫子！想要让你的谈话对象感觉受到欢迎，你必须成为闲聊中的主导者。

闲聊，是不是听了不寒而栗？这两个小小的字如同一块大石头压在那些逃避社交的家伙的心头上。要知道，邀请他们参加一个谁也不认识的聚会，犹如在他们体内注入了一剂心神不宁的药物。

告诉你一个事实，那些越聪明的人越厌恶闲聊。在为世界 500 强公司进行咨询时，我对这个结果大吃一惊。那些高层管理人员能够从容自如地与董事局人员会谈或向股东汇报发言，却在以闲聊为主要内容的聚会上，感觉像个迷失的小孩。

从某个角度说，畏惧闲聊和怯场是同一回事。当面对着满屋子的陌生人，你会觉得眼花缭乱、忐忑不安。西班牙大提琴家、指挥家帕布洛·卡萨尔斯抱怨自己一生怯场。纽约音乐传奇人物卡莉·西蒙也因此而减少现场表演。我一位为老牌摇滚歌星尼尔·戴蒙德工作的朋友说，尼尔坚持在他的提词器上显示《唱首忧郁的歌》（*Song Sung Blue*）的歌词，而那是一首他哼唱了 40 年的曲子。

闲聊恐惧症是否可以医治？

据说，科学家可以通过药物治疗社交恐惧症。他们已经在用百忧解（Prozac，一种治疗精神抑郁的药物）尝试改变人的性格，但有人担心会有严重的副作用。还有一个好消息是，人们终于认识到人类的身体具有特殊的技巧，比如自信，能使大脑自行产生类似百忧解的物质，来平复紧张的情绪。如果恐惧社交和厌恶闲聊是一种病的话，那么了解本章中的技巧则是疗法。

顺便说一句，科学家开始认识到，一个人经常感到忐忑不安绝非偶然事件或教养问题。比如有的孩子刚刚进入幼儿园就想要逃跑或藏到桌子底下。

小时候，我常常躲在桌子下面。作为一名女子寄宿学校的十一二岁少女，每当必须和男生打交道的时候，我的双腿就禁不住瑟瑟发抖。在八年级时，我曾被要求邀请一名男孩参加我们学校举办的舞会。可选择的男舞伴住在我们兄弟学校的宿舍。我只认识在夏令营中碰到过的尤金。我鼓足所有勇气，决定给他打个电话。

舞会前两星期，我手心出汗，没有打电话；前一星期，我心跳加速，还是没有打电话；最后三天，我呼吸变得困难，但显然时间已经不多了。

关键时刻，我理智地思考起来。我想如果照着稿子读的话会更容易。我写了以下内容："嗨！我是莉尔，我们去年在夏令营中见过，还记得吗？"（我在这里安排了一个停顿，希望他会说："是的。"）"嗯，我们学校的舞会是在这个星期六晚上，我想邀请你做我的舞伴。"（我在这里又停顿了一下，祈祷他会说"好。"）

舞会前一天，我再也不能拖延这件无法逃避的事。我拿起话筒，拨通了电话。我一边拿着电话等待尤金接听，一边看着汗珠从胳膊和

肘部滴下来，在我的脚边形成一个小小的咸水坑。“喂？”一个性感的男低音从电话另一端传过来。

如同一个紧张的电话销售新手，我像打开机关枪似的说道：“嗨，我是莉尔，我们去年在夏令营见过，记得吗？”忘记停顿一下等他的应答，我继续说：“嗯，我们学校的舞会在这个星期六晚上，我想邀请你做我的舞伴。”

我听到一声欢呼：“噢，太好了，我会去的！”我憋了一整天，终于松了一口气。他继续说：“我七点半会带粉红色的康乃馨来女生宿舍接你，与你那天的服饰搭配吗？另外，我叫唐尼。”

唐尼？唐尼！谁说过要约唐尼了？

结果证明，唐尼是我过去十年最棒的约会对象！他长着龅牙和一头蓬乱的红头发，并且具有让我立刻放松的沟通技巧。

星期六晚上，唐尼拿着康乃馨，微笑着站在门口迎接我。他自嘲地开玩笑说，他想参加舞会想得要命，所以在知道弄错了身份之后，他决定将错就错。他告诉我，当听到一个可爱的女声时，他非常兴奋。他还说，他会为他的“欺骗”负全部责任。聊天的时候，唐尼让我觉得舒服和自信。刚开始我们随便闲聊了一下，然后他慢慢引到我感兴趣的话题。就这样，唐尼成了我的第一个男朋友。

唐尼天生具有闲聊的本领，现在我把这种本领整理成技巧，以帮助你在闲聊中谈笑自如，得心应手。当你掌握了它们，你就可以像唐尼一样，融化每个人的心。当然，本书的目标不仅可以让你成为一个闲聊高手，还可以让你变成一个充满活力的健谈者和有说服力的沟通者。但是，闲聊是迈向这一目标的第一个关键步骤。

10 发起愉快闲聊

你一定碰到过这样的情况：在一个聚会或商务会议上，你被介绍给某个人。你们握手，你们的目光相碰……突然，你全身的意识停止了，正常思维也来了一个急刹车，你拼命地想搜寻一个话题来填补这尴尬的沉默，因为你的新朋友就要朝奶酪托盘的方向悄悄溜去。

我们希望从自己嘴中吐露出的第一句话显得才华横溢、机智而有洞察力；我们希望听众立即意识到我们是多么吸引人。我曾经参加过一个聚会，那里的每个人都才华横溢、诙谐机智，富有洞察力，非常令人着迷。但这让我发疯，因为这些人大都认为必须在前 10 句话内证明这一点。

几年前，门萨组织（Mensa，世界顶级智商俱乐部），邀请我作为主讲人出席他们的年度大会。这个组织聚集了国内智商排名前 2% 的绝顶聪明人。当我到达的时候，他们的酒会正在酒店大堂如火如荼地进行着。办理登记手续后，我拖着行李穿过门萨人的欢乐时光聚集地走向电梯。电梯门开了，我走了进去，与参加酒会的人挤在一起。我们开始了前往各自楼层的旅程，电梯时不时迟缓地颤动一下。

“嗯，”我对电梯的迟钝念叨了一下，“电梯似乎有点异常。”突然间，电梯里的乘客开始七嘴八舌，众说纷纭，提出了各种专业见解，仿佛非得表现出他那 132 分的智商不可。一个人说道：“这显然是导轨

对得不准。”另一个又说：“继电器触点没有组合好。”我突然感觉自己就像一只被困在扬声器中的蝗虫，迫不及待地想摆脱这些精神巨人的攻击。

后来，当我一个人在房间回想起门萨人的答案时，我觉得相当有趣。那为什么当时我有截然不同的反应？可能是因为我累了，他们的充沛精力和饱满热情刺激了暂时处于呆滞状态的我。

所以，闲聊并非关乎事实或言语，而是关乎音乐，关乎旋律。闲聊使人轻松自在，仿佛汇聚了各种令人舒服的声音，如猫咪的呼噜声、小孩的呻吟声、团体的颂唱声。

你必须先配合听众的情绪，就像模仿音乐老师的口琴音调。一流沟通大师通常会留意听众的声调并进行模仿。如果门萨人不是如此强硬地迅速切入话题，而是暂时配合我的无精打采说：“是呀，很慢，是吧？”然后才说出他们信息的开场白：“你不好奇为什么电梯这么慢？”那么，我会真诚地回应道：“是呀，为什么呢？”经过片刻的能量均衡，我会很欢迎他们给我讲讲导轨的校准问题。这样，友谊就产生了。

我敢肯定你遭受过情绪不匹配的侵略。当一些过于激动且气势汹汹的同事开始不停地质问你时，你觉得轻松自在吗？还是正好相反？或者你正急匆匆地赶着去开会，但一个同事拉住你慢吞吞地讲述一个又长又闷的故事，无论故事多么有趣，估计此时此刻你都不想听。

开始无拘无束交谈的第一步是配合听众的情绪，你的听众是慢板还是快板？跟上节奏，哪怕只有一两句。闲聊时，想想音乐，而非任何语句。我把它称为“情绪匹配”。

情绪不配合，销售没业绩

配合顾客的情绪对销售人员至关重要。几年前，我决定为我的死

党斯黛拉举办一个惊喜聚会。这是一个三喜临门的派对，为她庆祝三件事：一是她的生日；二是她的订婚；三是她刚刚得到梦寐以求的工作。我对她的生日 & 订婚 & 入职狂欢派对浮想联翩，异常兴奋。

我听说城里最好的法国餐厅有一间适合举办派对的漂亮包房，于是，在一个明媚的下午，我高兴地跑进那家餐厅。领班正懒洋洋地坐着翻阅预订登记册。我开始兴奋地絮絮叨叨斯黛拉的三重惊喜庆祝会，并要求看看人们传说中的极好包房。令人崩溃的是，他不仅没有一丝笑容，还纹丝不动地说："那个房间就在后面，如果喜欢的话你自己走过去看。"

多么煞风景的人！他的反应把我兴高采烈的情绪一下子抛到了九霄云外，让我不再想租他那愚蠢的地方。在我看房之前，他就已经失去了这份租金。我离开了他的餐厅，发誓要找到一个能分享幸福的地方。

每位妈妈都本能地知道，要使哭哭啼啼的婴儿安静下来，就不能摇晃他的手臂，大声喊："安静下来！"而是抱起他轻声道："哦，哦，哦……"意气相投地配合着宝宝的苦恼情绪。过一会儿，再逐步过渡到欢笑的气氛中。你的听众都是大小孩！如果你想要他们停止叫喊倾听你的话语，或接受你的思维方式，那么就要配合他们的情绪。

技巧 10　情绪匹配

说话之前，先采集一份谈话对象的"声音样本"，用以检测他的精神状态，拍下表情的"心理照片"，看看你的听众是轻松愉快、百无聊赖，还是酩酊大醉。如果你想要别人听听你的想法，你必须配合他们的情绪和语气，哪怕只是配合一小会儿。

11 让你的语调热情洋溢

在一次聚会上，我发现有一个家伙的周围总有那么一群热切的追随者。那个老兄一直面带微笑，一边说一边打着手势，显然他让听众非常着迷。我走过去想听听这位让人神魂颠倒的人在讲些什么。在加入他的崇拜者队伍中窃听了一两分钟后，我突然醒悟过来：这家伙说的都是些最平凡的事情！虽然他的剧本枯燥、乏味、沉闷，但他倾注了巨大的热情来讲述这些平淡无趣的言论，因此，一大群人像被施了魔咒似的被他迷住了。他使我认识到，你说什么并不重要，关键是你怎么说。

“和人接触，一开场我该说点什么？”

当有人问我这个问题时，我总是给他们同样的答案，那是一个曾在我的办公室工作过的女人给我的经验。午餐时间，多蒂经常还在办公桌前伏案工作。有时，我去买三明治之前会问问她：“嘿，多蒂，要我给你带什么吃的回来当午饭吗？”

为了不给别人添麻烦，多蒂都会说：“噢，任何东西都可以。”

“不，多蒂！”我尖叫道，“告诉我你想要什么，黑麦奶酪火腿？全麦博洛尼亚夹蛋黄酱？香蕉片花生酱果冻？要具体的！‘任何’是

一个麻烦。”

关于开场白的答案，尽管可能令人沮丧，但我的答案是“任何！”因为你说任何东西几乎都没问题，只要让人感觉舒适自在并热情高昂就行了。

该如何让人觉得舒适自在呢？要让他们相信，他们很好，而且你们两个是相似的。当你这样做了，你就打破了你们之间那堵恐惧、猜疑和不信任的墙。

老一套也管用

塞缪尔·早川是一位大学校长，也是美国参议员和杰出的日本本土语言分析师。他告诉我们的这个故事显示了他的“家长里短式谈话”的价值。[11]

1943年初，珍珠港事件之后，关于“美国境内有日本特务潜伏”的谣言迅速传播。那天，早川先生因为有事不得不在威斯康星州的奥什科什火车站等待几个小时。他注意到在车站等候的其他人都疑虑重重地盯着他。由于战争，他们对他的存在感到担忧。他后来写道：“一对带着一个孩子的夫妇，非常不安地注视着我，还时不时地交头接耳，窃窃私语。”

那么，早川先生是怎么做的呢？他就是从家长里短开始，让他们不再紧张。他对那个丈夫说，在如此寒冷的夜晚，火车居然晚点，这实在太糟糕了。那个男人点了点头。“我接着说，”他写道，“在大冬天里带个小孩出来旅行一定特别麻烦吧，列车时刻表又如此不确定。那个丈夫再一次点点头。我接着问孩子的年龄，并说与同年龄小朋友相比，他们的孩子看起来又高又壮。他再一次点头，但这次多了一丝微笑。紧张的情绪逐渐放松下来。”

经过两三次的交流，这个男人问早川先生：“希望你不要介意我的冒昧，但你是日本人吧？你认为日本人有打赢这场战争的机会吗？”

“嗯，”早川先生答道，“我也搞不清楚，我知道的并不比你从报纸上看到的多。但据我估计，日本缺乏煤炭、钢铁和石油，我看不出它能击败像美国这样强大的工业化国家。”

早川先生接着写：“我的话，既不显得见解独特也不显得消息灵通。在那几个星期里，许多电台评论员说得最多就是这一件事。但是，正是因为他们都在说，这些话听起来那么熟悉且立场正确，所以很容易被认同。”威斯康星州的男人立刻点点头，好像终于卸下了什么负担似的。他的下一句话是说：“战争还在进行着，希望你的亲人都不在那里。”

“他们都在，”早川先生回答道，“我的父亲、母亲和两个年幼的妹妹都在那里。”

“你有他们的消息吗？”那人问。

“怎么可能有？”早川先生答道。

无论是这个男人还是他的妻子都一脸的不安与同情。“你是说，在战争结束之前，你都无法见到他们或得到他们的一丁点儿音讯？”

之后还聊了一会儿。结果，他们从最初怀疑早川先生是日本间谍到邀请他哪天到他们的城市游玩并到家里吃饭。而这一切都归功于这位出色学者那诚实清晰、家长里短式的闲聊技巧。一流的沟通大师都知道像早川先生那样一开始就使用安慰和恰当的话语，即使有些家长里短甚至老套也不在乎。普通寻常并非漠不关心，早川先生在交流中传递了真诚和热情。

精彩也要从平淡开始

当然，你们的谈话没必要一直这么平淡无奇。如果你发现你的伙伴词锋伶俐又睿智，你当然要跟上去，你们的谈话自然就会越来越投机。不要着急草率，也不要显摆炫耀。开场白的底线是要给自己说出哪怕是无趣的话的勇气，这是因为，人们关注你的语调更甚于关注你说了什么。

技巧 11　热情洋溢的平淡

担心你的开场白？不用怕，因为 80% 的听众对你的印象和你说什么话无关。开场白说什么都不要紧。无论内容多么乏味无趣，只要感同身受，态度积极，热情洋溢，就能让你的声音听起来振奋人心。

“任何东西，除了德国猪肝肠”

让我们回到还在办公桌前等待三明治的多蒂。有时候，走出门后我还在挠头犹豫该给她带点什么。过了一会儿她会打电话来说：“任何东西，除了德国猪肝肠，就这样。”谢谢，多蒂，这已经有点帮助了。

这就是我的“任何东西，除了德国猪肝肠”的闲聊。你说什么都可以，只要不说些抱怨、粗鲁或令人不愉快的话。如果你开口说的第一句话便抱怨不停，人们会认为你是一个爱抱怨的人。为什么呢？因为抱怨是迄今为止你的新朋友对你的全部印象。你可能一直是最幸福的盲目乐观者，但他们怎么知道呢？如果你第一次发表意见就是抱

怨，那么在他们眼里你就是个爱发牢骚的人；如果你的第一句话相当粗鲁，那么你就是个令人不安的怪人；如果你的开场白令人不愉快，那么你就是个令人讨厌的家伙。

除了这些令人沮丧的话之外，其他任何话题都可以。你可以问问他们是哪里人，怎么认识宴会的主人，身上穿的漂亮衣服在哪里买的，等等。这里的诀窍是，热情洋溢地问一些平淡无奇的问题，并让对方愿意聊下去。

12 随身小物帮你打开话匣子

与陌生人相遇时，在没有人介绍的情况下，精通搭讪艺术的单身人士（或调情高手）已经总结出一种美妙的迂回谈话技巧。该技巧不需要你具备其他技能，只要有勇气炫耀被称为“小玩意”的简单视觉道具。

什么是“小玩意”？就是你穿戴的任何与众不同的服饰，比如独特的胸针、有趣的钱包、奇怪的领带，或好玩的帽子；就是能够吸引人们注意力并激发他们跑过来问你：“咦，那是什么？”的任何东西。根据场合，“小玩意”的风格可以含蓄淡雅或热情奔放。

我常在脖子上挂着一副类似于两只单片眼镜的过时眼镜。通常，聚会上的好奇者会走过来问我：“这是什么小玩意？”我解释说这是祖母留给我的长柄眼镜。然后，这就为下面的话题铺平了道路：讨论眼镜的喜恶、眼睛的衰老问题、祖母的宠爱或病逝、钟爱的古董首饰——任何询问者想要聊下去的话题。

相信你会慢慢被这种简单而神奇的技巧所掳获。在一次聚会上，你是不是已经注意到了某个你想要交谈的对象？然后绞尽脑汁地想要找到一个借口来接近目标。突然发现你可以对他如此怪异、狂放或美妙的穿戴发表意见，这是多么大的馈赠！

小玩意，大帮手

不论你想接获一份订单还是想寻找一段浪漫的感情，“小玩意”都是一个不错的社交助手。我的朋友亚历山大无论走到哪里都带着他的希腊忘忧珠。他知道，任何一个想要跟他交谈的女人都会走过来问：“那是什么？”

绅士们可以设想在一个聚会上，一位漂亮的女士注意到你并想和你聊聊，但她还在考虑：“喔，先生，你是蛮吸引人的。但是天啊！我能跟你说什么呢？你没有任何‘小玩意’让我去搭讪！”

你也要成为小玩意的发现者

同样，你也要对别人的服饰了如指掌。你完全可以对某个大亨背心口袋里的手帕、某个离异的有钱女人胸襟上的胸针，或你想要效劳公司的 CEO 指上的校戒表现出浓厚的兴趣。

一个大富豪戴着一枚高尔夫俱乐部襟针，“打扰一下，我忍不住注意到你这漂亮的襟针，你玩高尔夫？我也一样，你在哪个球场打过？”

你的名片和你的“小玩意”都是重要的社交工艺品。无论你正搭乘电梯，还是走在台阶上或穿过小道去参加聚会，请让所有人都能看见你的“小玩意”。

技巧 12 穿戴“小玩意”

每次参加聚会，穿戴一些与众不同的衣物，好让陌生人在拥挤的人群中远远看到你，产生好感，并有借口上前接近你。“打扰一下，我忍不住注意到你的……那是什么？”

13 结识你想认识的人

假设你已经上上下下、仔仔细细地观察了你想要结识的重要生意对象，从他额前蓬乱的发梢到他脚上的靴子尖，你一无所获，实在找不到任何可以发表意见的东西，你发现他不是一个“小玩意”炫耀者。

那么，采取“那是谁”技巧。如同一个固执的政治家跑去对聚会举办者说：“那边那个人看起来很有趣，他是谁？”然后请求介绍一下。千万不要犹豫，聚会主人会很高兴你觉得他的某位客人很有趣。

即使你不愿意把聚会主人从其他客人身边拉出来，你仍然可以使用“那是谁”技巧。这一次，不需要正式介绍，只需从聚会主人那里套出该陌生人的工作、兴趣和爱好等足以让你过去搭讪的信息就可以了。

假设聚会主人说：“噢，那是乔·史密斯，我不知道他的工作是什么，但我知道他喜欢滑雪。”你得到了你所需要的破冰船，现在可以径直朝乔·史密斯走去。“嗨，你是乔·史密斯吧？苏珊刚刚告诉我你滑雪滑得很棒，你通常会在哪里滑雪？”那么亲爱的，你现在掌握这个技巧了。

技巧 13 “那是谁”

这个技巧有史以来最少被使用（除政客外），却被证明最为有效。你只需请聚会主人介绍你同别人认识，或是通过别的方式套出一些可以立即打破僵局的信息。

14 找寻突破点，融入小圈子

你志在必识的那个女人没有穿戴任何“小玩意”，想用“那是谁”技巧却找不到聚会主人，更糟糕的是，她完全沉浸在与一群朋友的聊天中。看来几乎没什么希望认识她了，难道不是吗？你总不能说：“打扰一下，我只是想过来偷听一下并说声‘你好’。”

没有任何障碍能够阻挡坚定的政治家，他们总有锦囊妙计，如“窃听”。于政治家而言，窃听在历史上已有先例，因此在紧要关头，就自然而然浮现在他们脑海里。当然，“窃听”容易让人想起秘密活动，在你的电话上安装窃听器的 FBI 特工，水门事件或迷雾黑暗中四处潜伏的间谍。（我们这里的“窃听”仅指沟通技巧，只取其名，不用其意。）

在聚会上，站在你想要潜入的那群人附近，然后等待让你打入这个小圈子的契机：“打扰一下，我不小心听到（这个必须有）你们……”然后说说与此相关的任何事，例如，“我不小心听到你在探讨百慕大三角，我下个月是第一次去那里，有没有什么建议？”

现在，你已经融入那个小圈子，可以直接跟你的目标交谈了。

技巧 14　窃听介入

没找到“小玩意”？没看到主人，没法用“那是谁”？都没关系！你只要悄悄溜到想要加入的那群人背后，然后竖起耳朵认真听，听到任何站不住脚的借口，就赶快迅速介入，“打扰一下，我不小心听到……”

他们会不会大吃一惊？暂时的。

他们会不会心存戒备？暂时的。

你是否融入谈话中？当然了！

15 饶有趣味地回答“你是哪里人？”

正如你从未想过要一丝不挂地去参加聚会，我想你也从未想过让你的交谈由于“你是哪里人？”“你是做什么的？”这两个必然的问题而显得尴尬难堪、无能为力。

这些问题之彪悍，如同在瓷盘上用力猛拍冰冻牛排，当啷一声，大多数人会由于偏僻荒凉的地点和令人沮丧的职位而在询问者面前不慎出丑，然后他们对此含糊其辞，沟通自然也就没有了下文。

如果你出席了一个会议，遇到的每个人都会问：“你是哪里人？”倘若你告诉他们一个简短的光秃秃的城市名：“哦，我来自爱荷华州的马斯卡廷”（或他们没听说过的其他任何地方），除了迷惑的眼神，你还能指望得到什么？即使你是来自科罗拉多州的丹佛、密歇根州的底特律等较大城市的能说会道的城里人，除了美国历史教授之外，其他人同样会用迷茫失措的眼神看着你。他们正在飞速地绞尽脑汁思索“接下来我该说什么？”即使像纽约、芝加哥、华盛顿、洛杉矶这样的国际都市名字也很难收到饶有兴致的反应。告诉别人我来自纽约，我能期望他们怎么回答呢？总不会是“哦，最近有没有什么轰动的行凶抢劫？”

请帮你自己也帮其他人一个忙，对于“你是哪里人？”这个问题，永远不要只回答一句话，请给发问者加加油，增添些资料，让交

谈对象能接得上话，你只需要再多说一两句话描述一下你的城市，或是把对方引入到谈话中的一些有趣的事或者一些睿智的观察。

几个月前，一个商会邀请我作为主讲人，谈论一下如何与人交流、怎样成为更好的交流家。在发言之前，我被介绍给这个商会的负责人迪韦林夫人。

“你好。”她说。

“你好。”我回答。

然后迪韦林夫人笑了，她焦急地等待我多说点什么。我问她是哪里人，她抛出一句硬邦邦的“俄亥俄州的哥伦布市”，我的脸上露出一个不出所料的灿烂笑容。我必须迅速将她的答案转化成可消化的交谈。当时我在想：“玛尼玛尼哄，俄亥俄州哥伦布市，嗯，我从来没有去过那里，天啊，我了解哥伦布的什么呢？我知道有个叫杰夫的成功演讲家住在那儿，但哥伦布市太大了，无法问她是否认识他……此外，只有‘你知不知道某某和某某’的儿童游戏了。”我继续慌乱而沉默地搜索：“我想它是以哥伦布的名字命名……但我不敢肯定，所以最好还是不要提这回事。”我的脑海里闪过四五种可能性，但我都放弃了，它们不是太明显，就是太幼稚或太稀奇古怪。

此时，我意识到时间一分一秒地过去，而迪韦林夫人仍站在那里，脸上的笑容慢慢消退，她在等着我（那个将要教授关于机智交谈课程的“专家”）说出任何诙谐或机智的话。

“哦，哥伦布，哎呀。”我在绝望中喃喃自语，看着她的脸上浮现出焦急担忧的表情，如同一个病人被握着手术刀的外科医生询问“你的阑尾在哪儿”。

我还未想出关于哥伦布的任何精彩对话。但是，就在那时，我创造了下面的技巧，我称它为“永无荒城”。

技巧 15　永无荒城

每当有人问你“你是哪里人？”时，千万不要只回答一个词来挑战他们的想象力。多了解一些关于你家乡的魅力之处，对方可能会对此有所评论，然后，当他们说了几句漂亮话来回应你的诱饵时，他们会认为你是个非常健谈的人。

捕鱼捞虾诱饵不相同

渔民会使用不同的诱饵来捕获鲈鱼或竹荚鱼，显然，你也要抛出不同的交谈诱饵来捕捞易获的小虾或凶猛的鲨鱼，你的钓钩应当与你的说话对象相关。我的原籍是华盛顿，如果在一家画廊里，有人问我是哪里人，我可能会这么回答：“华盛顿，你知道吗？它和巴黎都是由同一个城市规划师设计的。”这将为诸多话题的交谈提高可能性，例如，城市规划的艺术性、巴黎、其他城市计划、欧洲旅游等。

在单身的社交聚会上，我会选择另一个答案：“我是华盛顿人，我之所以离开的原因是，当我长大后，发现那里的男女比例是 1 :7。”现在，交谈的话题可以转向单身的狂喜或痛苦，或者说说任何地方都缺乏理想的男人的感觉，甚至聊聊缺乏调情可能性的郁闷。

在一个政治团体中，我会抛出一些关于华盛顿不断演化的政治现状的观点，众说纷纭，无须再考虑交谈的可能性。

从哪里得到你的交谈诱饵呢？首先打电话给你家乡的商会或历史协会，在网络上搜索，点击你的城镇或打开一本老式的百科全书，这些都为未来的精彩对话提供了丰富的资源。了解一些历史、地理、商业统计或者几件可在将来逗笑别人的趣事。

16 生动描述自己的工作

碰到“你是做什么工作的？”这种不可避免的问题时，以下几项防御性策略有助于让你得到沟通对象的信任。

首先，如同“永无荒城”一样，对令人窒息的问题不要只是给出简短的回答，若你仅说出你的职位：“精算师 / 审计师 / 作家 / 天文物理学家。”这样就像把可怜的鱼留在甲板上吧嗒吧嗒地乱蹦一样。请发发慈悲吧，对方会觉得自己像个局外人一样，傻乎乎地继续问：“你做的是，呃，什么样的精算（审计、创作或天文物理）？”

如果你是一名律师，不要试图去让门外汉弄清楚你的确切工作，要具体化，可以讲一个小故事让你的交谈对象有所了解。例如，和一个年轻的母亲谈天，你可以这么说：“我是一名劳工法律师，最近我接手了一个案子，一家公司居然因为一名女职员多休了几天产假就把她解雇了，而那是必要的医疗福利。”这就能引起一位母亲的共鸣。

与公司老板交谈呢？“我是一名劳工法律师，当前手上有个案子，一位雇主被她的一位员工控告，说在首轮面试过程中被问到一些私人问题。”作为企业老板应该会对此深有体会。

技巧 16　永无荒职

当不可避免地被问到“你是做什么工作”时，你可能认为“我是经济学家”“教育工作者”“工程师”，这些信息足够开始一次美妙的交流。然而，对于一个外行来说，你实际上是在说：“我是古生物学家”“心理分析学家”“色情小说作家”。单说名称，等于什么都没说。

要具体化，说一些你工作上的趣事，让刚认识的朋友津津有味地咀嚼。

和寡言少语者相处的痛苦记忆

对于碰到在工作话题上寡言少语的聊天对象，我有着刻骨铭心的痛苦经历。那是在一个晚宴上，有个家伙告诉我：“我是核子专家。”我弱弱地说：“哦，那一定相当迷人吧。”这立马使我成了他眼中的精神病。

旁边的另一个家伙说道：“我是从事工业磨料的。”然后停了下来，等着我意识到什么，我的那句“嗯，天哪，在工业磨料业，你必须能敏锐地判断人的性格”也并不奏效。我们三个人在沉默中吃完了那顿饭。

就在上个月，我的一个新朋友吹嘘道：“我计划到特拉基草原学院教藏传佛教。”然后又不吭声了，我对特拉基草原学院的了解和对藏族佛教的了解一样少。

我总结的经验就是，每当人们问你做什么工作时，告诉他们一些可以口耳相传的趣闻，使他们能够松口气并且接得上话。

介绍他人相互热络

聚会上主人的重要职责之一就是帮助“刚认识的人”度过他们紧张的见面时刻。

“苏珊，来认识一下约翰·史密斯。约翰，这是苏珊·琼斯。”嗯，你期望约翰和苏珊说什么呢？

“史密斯？嗯，是不是历史的史，秘密的密？”

“嗯，天啊，苏珊，听着，那是一个有趣的名字。”

不要责怪约翰或苏珊没有妙语连珠，这是介绍人的过失，大多数人都是这样介绍自己的朋友相互认识的，仅仅是索然无味的姓名。这相当于抛出一条没有诱饵的线还指望别人去使劲地咬。

懂得怎样介绍他人相互认识的人会用“永不单调的介绍”这一技巧，当介绍别人认识时，往往会使用一个保险策略，在交谈中，附带上几句简单的题外话：“苏珊，来认识一下约翰，约翰有一条美丽的小船，去年夏天我们还乘船旅行了一趟。约翰，这是苏珊·史密斯，苏珊是《美味小吃》杂志的主编。”

让介绍丰满一点，这样苏珊就有机会问约翰那是什么样的船或问他们去了什么地方，也给了约翰开场白讨论他热爱的写作、烹饪或美食。接下来的谈话就可以自然地扩展到一般的旅行，在船上的生活，过去的假期，最喜欢的食谱、饭店、饮食、杂志、编辑方针，无穷无尽。

技巧 17　永不单调的介绍

介绍别人认识时，不要只介绍双方姓名，然后呆呆地傻站在那儿，让刚认识的人焦急不安地拼命寻找话题，却不知道如何开口。要在介绍时带上几句题外话，为他们找到话题，以便让他们轻松自如地热络起来。

如果在介绍过程中提及某人的工作不大愉快，那么便说说他们的爱好或者才能。在一次聚会上，女主人这样介绍一个叫吉尔伯特的男人，说："莉尔，来认识下吉尔伯特，他极具雕刻天赋，他做的蜡雕漂亮极了。"我记得当时自己是这么想的：天赋，这是介绍别人认识和诱导人交谈的一个不错的方式。

18 随时随地找到话题

虽然我们不会去问别人:“我们的谈话你感觉好吗?”但其实我们大家都很想知道。以下技巧让你能够跟任何人聊得热火朝天，奇迹般地找到受人欢迎的话题。

发现不经意间流露的秘密

无论线索如何难以寻觅，夏洛克·福尔摩斯相信通过他的放大镜，案件很快就能水落石出。如同明察秋毫的侦探一样，一流的成功人士知道，不管线索藏得多么隐秘，他们都会找到合适的话题，他们是话语侦探。

我有一个在疗养院工作的朋友南希，她非常关心老人，却常常埋怨她的某些病人脾气古怪、寡言少语，让人难以理解。

她告诉我有个叫奥蒂斯夫人的老太太脾气特别坏，她可能永远都无法让奥蒂斯夫人敞开心扉。“有一天，”南希讲道，“就在上周的狂风暴雨后，我想跟奥蒂斯夫人聊聊天，我对她说，‘上星期的暴风雨很可怕，对吧?’”南希继续说:“奥蒂斯夫人几乎暴跳如雷，她粗暴地说，‘这对植物很好!’”我问南希如何回应她。

“我能说什么呢?”南希回答，“那个女人明显想打断我的话。”

“你有没有想过问奥蒂斯夫人是否喜欢植物？”

“植物？”南希问道。

“嗯，是的，奥蒂斯夫人提到了这个话题，你可以顺水推舟。”我建议道。

南希拒绝了，但我依旧坚持，为了让我安静下来，南希答应去问问“脾气古怪的奥蒂斯老太太”是否喜欢植物。

第二天，南希在工作时给我打了个电话。“莉尔，你是怎么知道的？奥蒂斯夫人不仅热爱植物，还告诉我她的丈夫是园丁。今天，我对奥蒂斯夫人有了不同看法，我无法让她停下来！她不断地说她的花园，她的丈夫……”

一流的沟通大师知道话题无处不在。与人交谈时竖起你的耳朵，就像一个好侦探仔细倾听线索。留神有没有说到什么不同寻常的事：任何异常、偏差、偏离或另一地点、时间、人员。问问这些，因为那就是你的谈话对象非常乐意探讨的话题的线索。

当两个人有共同话题时，他们就会自然地交谈下去。例如，有人提到打壁球，而听众也有共同爱好，他就会大声说：“噢，你也是一个壁球手！”

技巧 18　成为话语侦探

学学优秀的侦探，仔细倾听谈话对象的每个词、每句话，寻找对方喜爱的话题，线索必将被无意说出来。然后，顺势切入话题，就像神探福尔摩斯逮到了失言或口误一样，你也会找到让别人活跃的话题线索。

19 让聊天对象成为焦点

几年前，我和朋友参加了一个聚会，那里聚集了各种各样的优雅人士，与我们交谈过的每个人似乎都过着优越的生活。后来说起这个聚会，我问我的朋友："黛安，在那个令人兴奋的聚会上，你最喜欢和谁聊天？"

她毫不犹豫地说："丹·史密斯啊。"

"丹是做什么工作的？"我问她。

"啊，我不知道。"她回答。

"他住在哪儿？"

"也不知道。"黛安答道。

"那他对什么感兴趣？"

"我们还真的没有谈到他的兴趣。"

"戴安，"我问，"那你们谈了些什么？"

"嗯，我们谈论最多的是我的一些事。"

"啊哈！"我想黛安刚刚遇到了一位交际高手。

几个月后，我有幸认识了丹。黛安对他的生活一无所知引起了我的好奇，所以我询问了他的详细情况。这才得知，丹生活在巴黎，在法国南部有一栋靠海的房子，在阿尔卑斯山上也有一套住宅。他到世界各地旅行，制作了关于金字塔和古代遗迹的节目，他还是一个狂热的悬挂式滑翔员和水肺潜水员。难道这个人的生活很乏味吗？然而，在碰到黛安时，他却只字不提。

我告诉丹，黛安是多么高兴认识他，可对他的生活了解却那么的少。丹答道："我往往询问别人的生活，并从中学到很多东西。我总是试图把焦点转移到别人身上。"真正自信的人常常这样做，他们知道听比说受益，他们也因此迷住了说话的人。

告诉你一个超级的推销技巧

几个月前的一个演讲会上，我与一位叫布赖恩·特雷西的同行聊天。他有一份相当不错的工作——培训高级销售人员。他告诉学生们，如果一味地把焦点对准产品的话，潜在客户只会意兴阑珊，只有让潜在客户成为关注焦点，才能做成买卖。

对于推销员来说，这种技巧尤其重要。让你的"旋转式聚光灯"不要照到自己，仅轻轻扫过你的产品，让大部分时间都聚焦到买家身上，你将会在推销自己和产品方面做得更出色。

技巧 19　旋转式聚光灯

与别人交谈的时候，想象你们之间有一只巨大的旋转射灯。当你说话时，灯光就聚焦在你身上；当别人说话时，灯光又照射到他身上。要让灯光多照在别人身上，只有让对方说得更多，他才越会觉得你有趣。

20 永远不愁没话说

即便是出色的交谈家也有陷入困境的时候。如果你发现自己正在徒劳地挽救一次无法进行的谈话，这里有一个万无一失的诀窍来让谈话继续。我把它称为“鹦鹉学舌”，这种美丽的热带鸟仅凭重复别人的话就能抓住每个人的心。

你是否曾经试过在家四处转悠时，开着电视播放网球赛？你听到网球来来回回撞击到地面的声音，嗖，咚，嗖，咚，嗖……这次你没听到‘咚’的一声，发生了什么事？你立即抬头看电视。

聊天也一样，你一言我一语。你先说，然后你的同伴说，你说……如此这般，来来去去。每一次，通过一连串的点头和“嗯哼”或“嗯”之类的简短回应，传递“知道了”的信号，这就是谈话的节奏。

“下面我要说什么？”

回到那熟悉得可怕的时刻，该你说话了，但你的脑子一片空白，不要惊慌，只需要用赞同又有点质疑的口吻重复同伴说的最后两三个词，就把话题的发言权抛给了你的同伴。

有时，我的朋友菲尔会去机场接我，我常常疲惫得倒在座位上就睡着了，任凭菲尔充当司机的角色。

几年前，在一次筋疲力尽的旅行之后，我把行李扔进了他的后备

箱，把自己丢到前座上，正当我在打瞌睡时，他提到前天晚上去看了场电影。通常我只是哼一声，然后继续陷入昏睡状态，然而，这次我很想试一试刚学到的鹦鹉学舌技巧，“电影？”我疑惑地重复着。

“对，一部很棒的影片。”他回答说。在我跌入平时的昏睡之前，完全指望那话题的最后两个词了。

“很棒的影片？”我重复道。惊喜于我的兴趣，他说：“是的，这是斯蒂芬·桑德海姆的新戏，叫《理发师陶德》。”

“《理发师陶德》？”我又重复了一遍。现在，菲尔逐渐兴奋起来：“是啊，伟大的音乐和令人难以置信的离奇故事……”

“离奇故事？”我重复道。嗯，这一切都是菲尔所需要的。在接下来的一个半小时，菲尔告诉了我，影片讲的是一个伦敦理发师四处杀人的故事。我打着盹儿，但很快决定让理发师陶德的砍头故事打断我想要沉睡的幻想。所以，我仅仅备份和重复他上一句话中的某个短语，让他开始另一段台词。

“你说有很棒的音乐？”

在余下45分钟的回家之旅中，菲尔给我唱了《漂亮女人》《伦敦最佳馅饼》，以及《理发师陶德》中的其他歌曲，成为我半睡半醒的绝佳伴奏。我敢肯定，菲尔认为那趟旅程是迄今为止我们之间最美妙的交谈之一，而我所做的只是重复他的一些话而已。

技巧20　鹦鹉学舌

不要担心从此你又会被晾在一边，无话可说，其实你只要像鹦鹉一样，简单重复对方所说的最后几个字，这样就轮到他接话了，然后你静静听着就是了。

推销员们，与对客户的抗拒进行徒劳无益的抵抗相比，采用“鹦鹉学舌”法却能轻易地让人转变态度，何乐而不为?

鹦鹉学舌帮你实现利润

“鹦鹉学舌”也是一个能撬开人们真实感情的开罐器，销售明星使用它来影响那些不会明确表达反对情绪的潜在客户。我的朋友保罗是一位二手车推销员，他告诉我，他最近运用“鹦鹉学舌”法卖出了一部兰博基尼。

当时保罗正陪那个潜在客户和他的妻子在车场内转悠，那个家伙曾表示对“实用型汽车”很感兴趣，于是他向他们介绍了停车场上每一辆实用的雪佛兰和福特，当他们又朝着一辆非常实用的家庭轿车看去时，保罗问那个丈夫觉得它怎样。“嗯，”他若有所思地说，“我不知道这车是否适合我。”保罗没有走向下一辆实用型汽车，而是重复道，“适合你？”保罗的询问式反应给这位潜在客户发出了他需要说多点的信号。

“嗯，是啊，”这位潜在客户小声说，“我不知道它是否适合我的个性。”

“适合你的个性？”保罗又重复。

“你看，或许我需要动感点的。”

“动感点的？”保罗重复道。

“嗯，那边的车看起来更加动感。”

啊哈！保罗的“鹦鹉学舌”侦察出应当向客户介绍哪款车。当他们朝着车场上那辆兰博基尼走过去时，保罗看到这位潜在客户眼前一亮。1 小时后，保罗得到了丰厚的佣金。

21 让主角谈兴浓厚

当小宝贝在睡觉前恳求道:“爸爸，爸爸，再给我讲讲三只小猪的故事吧。”此时每个父亲都会禁不住面带微笑。爸爸知道儿子想要听多一次，说明儿子很喜欢这个故事。

孩子启发了下面这个叫“再来一个！”的技巧，它可用于两个目的。“再来一个！”可以让聊天对象觉得像一个快乐的爸爸，也是给遭受冷遇的交谈注入新鲜活力的一个绝佳方式。

我曾在船上工作，那里有意大利船员和许多美国旅客。每个星期，甲板高级船员都必须参加船长的每周鸡尾酒会，但我却非常惧怕。在船长用蹩脚可爱的英语致辞之后，船员们总是聚在一起用意大利语聊天。不用说，大部分乘客都听得懂通心粉、意大利面、香肠和比萨饼之类的意大利话。

作为邮轮总监，让船员和游客打成一片这个重担就落到了我肩上。我那不怎么精明的策略就是，抓住船员的胳膊，实实在在地把他拖到一群笑嘻嘻地看风景的旅客面前，然后介绍一下这名船员，并祈祷上帝会让他妙语连珠，或旅客会提出一个比“哎呀，所有船员都在这儿，那么谁开船呢？”更有创意的问题，但这从未发生过。

有一天晚上，正在睡梦中的我被船身剧烈的左右摇晃惊醒了。我听了一下，没有发动机的声音。这是不祥之兆，我抓起睡袍跑到甲板

上，海面上迷雾重重，几乎看不到距离我们不到半英里的另一艘船。五六个船员正抓着右护舷木，倾身伏向船舷外。在月光下我看到一只眼睛上还缠着绷带的一个人挣扎着爬上我们那剧烈摇晃的绳梯，船员们迅速把他带去我们随船医生那里。发动机再次启动，我们继续航行。

第二天早晨，我听到了这个故事的完整版。原来是另一艘货船上的一名船员在发动机汽缸上钻洞的时候，一块针尖一样细的锋利金属片导弹般飞快射入他的右眼。他们的船上没有医生，所以货轮发出了紧急求救信号。

根据国际海洋法规定，任何船舶收到呼救信号后都必须做出反应。我们的船赶过来救援，那名捂着眼睛的船员被放进救生艇带到我们船上。我们的随船医生罗西博士成功地取出他眼中的针片，从而挽救了他的眼睛。

“告诉他们你那时……”

转至船长的下一次鸡尾酒会。我再次面临熟悉的挑战，把船员拉到旅客中让他们聊天。我继续每周必经的艰苦跋涉，向寡言少语的船员堆走去，准备拖走一两个，但这一次，我的手落在了随船医生的手臂上。我把他拖到了最近的一堆旅客面前，介绍给他们认识，接着说:“就在上周，一次惊心动魄的午夜救援之后，罗西博士挽救了另一艘船上一名海员的眼睛。罗西博士，我相信这些人都很想听你讲一下这个故事。”

让我惊讶的是，这句话就像一根魔杖，罗西博士仿佛即刻得到了“说话天使”的保佑，以前他那蹩脚的单音节英语变成了带着浓重乡音的口若悬河。他向聚集在他周围的越来越多的旅客讲述了整个故事。当我从人群中走开时，他们正全神贯注地听着罗西博士的精彩演讲，而且又一名船员被吸引了，加入了他们的聊天。

我抓着船长穿着条纹衫的胳膊，把他拖到了另一群旅客面前，说："卡菲罗船长，何不给他们讲讲上星期你组织的那次惊心动魄的午夜拯救？"上帝放开了卡菲罗的舌头，他滔滔不绝地讲了起来。

如今我胜券在握："萨尔瓦戈先生，你何不给他们讲讲，在上周的那个深夜，你是如何叫醒船长进行惊心动魄的午夜救援的？"

这时候我回去把随船医生从第一组带到他的下一组旅客中，第二次的表现更棒！他愉快地为第二组观众开始他的"再来一个！"。当他聊开了，我再赶回去把船长拉到第二群听故事的人面前。我觉得自己像马戏团的魔术师，要一直保持棍子上的所有盘子不停旋转。正当我让一场聊天开始运转起来，又必须跑回去把第一个演讲者带到另一组观众那里转一圈。

在我任职期间的余下时间内，船长的鸡尾酒会对我来说就是小菜一碟。3 名船员喜欢在每次航行中向新乘客讲述他们同一个英雄主义故事。

"再来一次，山姆！"

"再来一个！"是有欣赏力的观众要求歌手再唱一首歌，舞蹈家再跳一支舞，诗人再朗诵一首诗时所说的话，但在我的工作中，那是要求船员再讲一次故事。"再来一个！"是一种技巧，你可以把它用于要求潜在客户、潜在雇主或有价值的熟人。当你们俩跟一群人聊天的时候，仅需转向他说："约翰，我敢打赌，大家都想听你说说，那次你钓到一条 30 磅重鲈鱼的事。"或者，"苏珊，给大家讲讲你刚刚跟我说的从树上解救小猫的故事。"当然，他可能会佯作害羞。其实你的交谈对象正暗自高兴呢。你可以巧妙地要求："你的那个故事多么可怕呀，我想让其他朋友也听听。”毕竟，唯有吸引众人的事物才会被要求“再来一个！”

技巧21 再来一个!

表演者从澎湃的喝彩声中听到最美的声音是“真精彩！再来一个！让我们再听一次！”当你和一群人聊天时，你的交谈对象从你嘴中听到最美的声音是“告诉大家你那次……”

每当在会议或聚会上遇见对你来说很重要的人时，想一想他跟你讲过的一些故事，从中挑一个大家都会觉得有趣的故事，然后通过“再来一个”技巧而把焦点都集中到这个人身上，换他来“表演”。

这种技巧的另一个好处是，一旦你让他们滔滔不绝地说个不停，你可以偷偷溜走，寻找更有趣的一群人！

提醒一句：请确保你要求的故事是讲述者引以为荣的。没有人想复述他们的赔本买卖、车祸经历。请确保你要求的“再来一个！”是一个积极的故事，在里面他们是大赢家而不是小丑。

22 给人留下正面积极的印象

通常人们认为，遇见喜欢的人，就应该分享秘密，故意泄漏一点隐私或诸事坦白以示自己通达人情世故。炫耀你的尿床、磨牙、吮吸拇指、正与痛风或甲状腺肿大作战，据说会使你深受大众喜爱。

嗯，有时它的确会奏效。一项研究表明，如果某人在身材上比你高很多，当他们表现出一两个小缺点时，反而会使你们更加亲近。[12] 与老布什令人震惊地坦承他忍受不了花椰菜一样，总统候选人，以其辩论技巧闻名美国的政治家阿德莱·史蒂文森鞋底的洞让全国人民为之着迷。

如果你坚信这个观点，并且假设你是想和粉丝成为朋友的超级巨星，那么走过去，告诉你的追随者，你曾经失业、身无分文的那段时光。但如果你不是超级巨星，目前最好还是谨慎行事，家丑不可外扬。人们对你还不太了解，可能会无法接受你的小毛病。

在随后确立的一段关系中，告诉你的新朋友你已经结了三次婚，十来岁时因入店行窃被抓，求职期间被一家大公司无情拒绝，这没什么大不了的。但是，在一段关系的初期，对方本能的反应是：“接下来还会有什么？他这么快就跟我共享这些，那他隐瞒了什么？一堆前妻、一份犯罪记录、满墙的拒绝信？”刚认识的人无法明白，你对自身情况的坦白是一种落落大方的行为、一次善意的透露。

技巧22 正面印象

初次见面时，守住你的隐私，把那些丑事都留待以后再说。你和你的新朋友可以在以后的相处中再相互吐露糗事，尽情大笑并以此为乐。但现在这个时候，应当给他人留下正面印象。

要总有趣事可聊

你也许听别人抱怨过："我不能去参加聚会，因为我没有一件可穿的衣服。"但你什么时候听说过："我不能去参加聚会，因为我没有一件可说的事情？"

如果你要出席的聚会上有许多潜在客户，你自然会搭配好衣服，并确保鞋子与之匹配。当然，你还必须有合适的领带或颜色恰当的口红，把发型吹好，名片装好，出发了。

不过，等一等，你是不是忘了最重要的东西——能提高你形象的恰当交谈？你真的打算，到时候把想到的没想到的都说出来？就像你不会穿上从黑漆漆的衣柜里随意摸索出来的第一件衣服，所以当面对着一张张期待的笑脸，你也不应该不假思索，信口开河。当然你会在谈话中遵循自己的直觉，但倘若没有灵感，至少应当有所准备。

确保自己在新环境中能说会道的最好办法，是在出发前听一听新闻广播。世界各地刚刚发生了什么事，火灾、水灾、空难、推翻政府和股市崩盘，带着这些极好的交谈信息，无论与什么样的人周旋都可以派上用场。

技巧23　出门勿忘最新消息

参加聚会之前的最后准备：即使你已经在镜子前进行了最后一次审视，也请打开收音机收听一下新闻或浏览一下报纸。今天发生的任何事都是最好的话题，了解当时的头条新闻也是一种防御性策略，能帮自己脱离窘境，避免询问大家都在讨论的话题。那种情况你可真够窘迫的，更糟糕的是你周围人的尴尬更凸显了你的窘迫。

虽然有点尴尬，但我还是要把这个技巧归功于一位从事世界上最古老职业的女性。为了要给杂志写一篇文章，我采访了在这个领域最精明老练的经营者西德尼·比德尔·巴罗斯，就是著名的五月花夫人。

西德尼告诉我，在她的阁楼有一条规矩，每个女性“独立承包人”都必须知道当天发生了什么新鲜事，以让她们和自己的客户能有一个良好的谈话。这并非她一时奇想，因为她发现她手下的女孩子们百分之六十的时间都是和客人聊天，因此她要求她们每天都要读报纸或听广播。自从采取了这一规则，她的业务量不断上升，客人们恭维说她的手下都那么迷人。虽然是隐秘的生意，西德尼采取的也是顾客导向，她给客户们提供的服务超过了他们的期望。

第三部分

如何像大人物一样讲话

适当使用以“你”开头的句子，这样会立即抓住听众的注意力，使得他们给你更加积极的回应，因为这样的句子也会触动他们的自负心理，同时帮他们省掉思考的过程。聊天时，要频繁使用“你”，要像吃东西撒盐和胡椒粉一样，听众会觉得那是无法抗拒的香料。

欢迎来到人类丛林，当丛林中四处觅食的两只老虎在一块空地上碰巧遇到，它们僵持不动，互相注视着对方，本能地盘算着："如果我们低吼，抓咬，撕斗，谁将会赢呢？我们哪一个更具有生存技能？"

栖息在企业丛林（单身丛林或社交丛林）里的城市动物的规矩不同于在旷野的老虎，人们通过彼此凝视和聊天来开始这个过程。在商业世界里，面带微笑地说了"嗨""你好"之后，他们就像丛林里的老虎，立即开始本能地彼此上下打量。

他们不计算对方爪子的长度或牙齿的尖利度，他们通过彼此的沟通技巧来判断对方是否拥有如他们所说的非常强大的生存武器。因为他们知道，一个人一生中 85% 的成功的直接原因是沟通技巧。[13]

他们也许不清楚美国人口普查局的最新调查：比起优秀的教育、经验和培训资历，雇主们更愿意选择具有良好沟通技巧和姿态举止的求职者。[14] 他们知道，优秀的沟通技巧会帮助人们抵达顶峰。因此，在闲聊中仔细观察对方，辨认出谁才是人类丛林中的猛兽的重要性立刻变得显而易见。

对听众来说辨认出谁是"重要"人物，并不需要耗费很长的时间，但一套陈词滥调、一段麻木不仁的话、一个过度焦虑的反应，都会让你在职业或私人关系方面被降级。你可能会失去一段潜在的重要

友谊或一个生意对象。一个愚蠢的举动，就可能令你从企业或社会阶梯上掉下来。

不用担心，这一切都不会发生。本节中的技巧将有助于确保你做出正确的举措，下面的沟通技巧将帮助你登上自己挑选的任何阶梯顶端。

24 无须询问，识破对方职业

为了估量对方，彼此虎视眈眈的小猫们相互询问的第一个问题是：“你是做什么的？嗯？”然后，他们蹲在那里，抖动胡须，抽动鼻子，脸上明显带着“等你回答后，我再对你做出判决”的表情。

大猫们从不直接问：“你是做什么的？”（他们发现，以一个比较委婉的方式发问会更加令人满意。）而大人物们不问这种问题，这会使他们看上去好像更有原则性，更加超越世俗。毕竟他们的缄默表示“一个人并不像他的工作那么简单”。

拒绝提出试探性问题，也显示了他们感觉的敏锐。目前，这么多企业裁员、破产，直言不讳的询问会使人局促不安。不仅仅是“待业”的人讨厌这种关乎工作的问题。我有几个收入不错的朋友，他们也非常痛恨被问到“你是做什么的？”他们其中一个是解剖尸体的验尸官，另一个是美国国税局的代收人。

此外，很多选择做专职家庭主妇的优秀女性，在突然被问到这个残酷的工作问题时，会感到非常内疚。粗鲁的询问，忽视了她们对家庭的付出与承担。无论怎样回答，她们都害怕，提问者只能听到一句卑微的“我只是一个家庭主妇”。

大人物应避免问：“你是做什么的？”这样做得另一个原因是：他们不这么问会使听众相信，他们习惯了与高高在上的成功人士交流。

最近我参加了一个安逸郡豪华聚会。我发现没有一个人会问别人做什么工作，因为这些衣着时髦的人什么事也不做。有些豪宅的床头柜有股票行情显示系统以便进行投资跟踪，但他们绝对不用为谋生而工作。

不要问:“你是做什么工作？”这样还有一个好处是使人放松警惕，使聊天对象相信你喜欢和他们在一起是因为他们本身，而非因为其他身外之物。

技巧24　千万别问“你做什么工作？”

从不问别人“你做什么工作？”反倒显得你像个人物。当然，你会去弄清这个问题，只不过别问这个问题。否则别人马上会觉得你是一个没礼貌的沟通者，趋炎附势向上爬的人，一个尽想着吊金龟婿或吃软饭的人，或是从未接触过上层社会的小人物。

识破的正道

那么，怎样才能了解别人如何谋生？你仅需练习以下几个字，合在一起是:“你的大多数时间怎么打发？”

这是让验尸官、税收员或被解聘雇员摆脱困境的一个亲切有礼的搭话方式，这是对才华横溢的人选择当全职妈妈的一种鼓励方式，也是使别人的内心深信你看到他或她的内在美的一种方式，这也是向社会名流暗示你也住在安逸郡的一个方式。

现在，假设你刚刚认识了不喜欢谈论自己工作的某个人，该怎么

办？问问他："你的大多数时间怎么打发？"这还可能导致工作狂滔滔不绝地说个不停。"哦，天啊，"他们假装抱怨道，"我的所有时间都在工作。"当然，那是一句希望你追问他们详情的邀请。然后他们会喋喋不休地说到你耳朵起茧。问题的新措辞使"工作狂"和"赋闲在家"的那些人都可选择告不告诉你他们的工作。问："你的大多数时间怎么打发？"而不是问："你是做什么工作？"这样会让你立刻变得威风凛凛。

25 分情况回答“你做什么工作”

如今，你遇见的人中有 99% 会问：“你是做什么工作的？”那些成功人士意识到了这一点，所以他们会事先做好充分准备。

不少人有过求职经历，但他们发给招聘单位的只是一堆漂亮整洁的简历。这些简历上写着他们之前的职位、就业时间和学历。他们还可能在底行写下潦草的一句：“嗯，这就是我，要么接受，要么放弃。”通常他们得到的是拒绝。为什么？因为在简历中潜在雇主找不到符合他们公司要求的东西。

而聪明人会把工作经验编辑好储存在电脑里，在申请工作的时候，只要键入适当的资料，打印出来，这份简历看起来就像刚刚从打印机里新鲜出炉一样。

去年，我的朋友罗伯特失业后申请了两个职位：一家冰淇淋公司的销售经理和一间快餐连锁店的策略规划负责人。广泛的调查后，他发现冰淇淋公司存在根深蒂固的销售难题，而快餐连锁店则有迈向国际的高远志向。那他是不是向他们发出了一模一样的简历？当然不是。在没有丝毫违背他真实背景的情况下，他向冰淇淋公司强调了他使一家小公司在 3 年内销售额翻了一番的经验，而对快餐连锁店则着重介绍他在欧洲的工作经历和对国外市场的了解。

结果两家公司都向罗伯托抛出了橄榄枝，现在，他可以让他们鹬

蚌相争了。他跟这两家公司解释说，他愿意到他们公司任职，但另一家公司提供的工资更高或津贴更丰厚。这两家公司开始为了罗伯托相互竞争。最终他选择了快餐连锁店，因为他们提供的薪水几乎是之前开出的两倍。

要高度重视每一次邂逅，准备你的口头履历要像修改你的书面简历那样小心谨慎，它要个性化，要能突出你的鲜明特点。对“你做什么工作？”这个无处不在的问题的回答不能只有一种，而应该根据询问者的实际情况准备多个备选答案。为了打造最佳人际关系网，别人问起你工作的时候，应该简明扼要地说出你精心准备的简历，而在提交答案前，别着急，先考虑一下询问者对你和你的工作的兴趣点在哪里。

“我会让你受益匪浅”

一流的销售人员会大力宣扬他们的“利益综述”。因为他们知道，和一个潜在客户交谈时，应当利用潜在利益来激起客户的兴趣。我的同事布赖恩在拜访陌生客户，介绍自己时不是说“你好，我叫布赖恩·特雷西，我是一名销售培训师”，而是说，“你好，我是高管发展协会的布赖恩·特雷西，如果有个在未来一年内能使你的销售额提高20%-30%的有效方法，你感兴趣吗？”这就是他的利益综述，他强调了他可以向客户提供的具体利益。

格洛丽亚是我的发型师，我发现她无论碰到谁都会提到她所能带来的极大利益。这大概是她为什么有这么多客户的原因吧。事实上，我也是因此而成为她的客户的。我是在一个会议上认识格洛丽亚的，她先是告诉我她是一个造型师，专门为职业女性设计多变发型，之后不经意间她提到许多客户平时选择适合工作的保守发型，而在参加社交场合前，却可以将保守发型转变成柔媚的女性风格。“嘿，这正是我想要的，”我一边拨弄着自己那干枯稀疏的小马尾辫，一边对自己说。于是我要了她的名片，就这样格洛丽亚成了我的发型师。

几个月后，我在一次聚会中又见到了格洛丽亚，那时她正在跟一个满头白发的时髦女人聊天。格洛丽亚说，“……我们专注于各式各样的蓝色染发剂。”这对我来说倒是很新鲜！不过我确实不记得在她的发廊里见过一个白头发的女人。

当我离开聚会时，格洛丽亚正在外面的草坪上与主人十几岁的女儿热烈交谈。“噢，”她说，“我们专门打造最酷最时尚的发型。”真棒，格洛丽亚！

跟发型师格洛丽亚一样，在回答不可避免的“你是做什么工作？”前，稍微思考一下你的回应。当别人问起时你的回答永远不要千篇一律。如果你脑海中浮现的是业务网络，那么问问自己，“如何使我的工作让这个人的生活获益？”举个例子，这里有些职位描述：房地产经纪人、理财规划师、武术教练、美容外科医生、理发师。

上述职业的任何一名从业者都应该仔细考虑自己工作会给他人带来什么样的利益。(每种工作都有一定的好处，否则你不会得到报酬。)对上述人的建议如下：

无论走到哪里，带上简明履历，把你的生活概况掺进你交际的魔法袋里。

不要说“房地产经纪人”，而是说“我帮搬进我们社区的人找到了合适的家”。

不要说“理财规划师”，而是说“我帮别人规划他们的财富人生”。

不要说“武术教练”，而是说“我传授武术帮别人保护自己”。

不要说“美容外科医生”，而是说“我帮别人在毁容事故后重塑

容颜”。（如果你正和一个“到了一定年龄”的女人聊天，那么像法国人般优雅地告诉她，“我通过整容手术让别人看起来如他们想要的那般年轻。”）

不要说“理发师”，而是说“我帮一位女士设计了非常适合她的发型”。（学学格洛丽亚！）

在口述“简明履历”中加进一些你的工作给他们生活带来的好处，并使其让人难忘。即使刚认识的朋友无法享受你的服务，下一次他或她遇到想搬进这个社区的人、想在未来进行财务规划的人、考虑自我防身的人、考虑整容手术或想换个新发型的人，会一下子想到谁？不是那些仿若报税表般缺乏想象力地描述他们工作的人，而是能描绘一幅给人所需画面的大赢家。

私生活的简明履历

由于刚认识的人总会问一些关于你自己的事，因此在非商业的情况下，简明履历也是适用的。所以你得准备几个令人兴奋的特殊答案。当遇见可能成为朋友或恋人的人时，想办法让你的生活听起来更有趣，让你这个人听起来是个值得认识的人。

当我还是一个年轻女孩的时候，我经常在心里书写人生的小说，妈妈在开始下雨时要求我关窗，尽管我很不情愿，但我仍然雄赳赳地向着打开的窗口迈进，那时我会幻想自己是拯救这个家的勇敢者。“莉尔眯起眼睛避开倾盆大雨，勇敢地把手伸进窗外，在冰冷刺骨的暴风雨中拉紧百叶窗，以避免家里遭到即将来临的飓风的侵袭。”

当然在你的自我想象中不需要这么夸张，但至少要让你的生活听起来充满乐趣。

技巧25　简明履历

如同高明的求职者会针对申请的不同职位打印不同的书面简历一样，对不同的听众也要讲述不同的职场故事。在回答“你是做什么工作？”之前先问问自己，“这个人可能对什么样的答案感兴趣？他有没有可能给我介绍业务？从我这里进货？聘用我？跟我妹妹结婚？成为我的好朋友？”

26 个人词库，让你听起来更聪明

你是否见过别人想说却说不出来的情况？而他磕磕绊绊说出来后，从说话者脸上的笑容和眼睛里闪现出的神情，你知道他真的为此感到自豪。（但糟糕的是，他词不达意，甚至可能是念错了。）

人们认为词汇丰富的人更聪明，更具创造力，事实上词汇量较大的人的确能更快得到聘用和晋升，听得懂的东西也更多。因此成功人士都大量使用丰富的词汇，而且言论得当，他们优雅的谈吐会使整场交谈变得丰富多彩。生活中的赢家会用挑选领带或衬衫的心力精心选择契合他们个性、观点的每个词每句话，他们遣词造句恰如其分。当你对一个大人物使用陈词滥调时，你实际上是在说："我想象力极度贫乏，我想不出什么新颖的表达，所以我只能用这些老掉牙的东西。"在非同寻常的成功人士面前说一些常见的陈词滥调等于是给自己打上了极其平庸的记号。

而令人振奋的好消息是，平庸词汇和受推崇词汇之间仅有大约50个字的区别！你无须说很多词才让自己听起来像一个大赢家，仅仅几十个精彩的词就能让别人觉得你具有独特的见解和创新的思维。

获得这些超级词汇其实非常容易，你不必钻研词汇手册或听带着讨厌的英国口音、华而不实的磁带，你也不必学习生僻单词或那些你祖母听到时，会让你好好念的长单词。

你所要做的就是列出一些你每天频繁使用的单词，甚至是那些听到自己说时会厌烦的词，如聪明、可爱、漂亮或愉快。然后从书架上抓起一本词典或同义词的书查一查，准备那些常用语的备选清单。

例如“聪明”这个词，你会发现它有几十个同义词，像机灵、机智、机敏、精明等，看一下并大声读出来，看看哪些词对你来说似乎正合适？你要像试穿衣服那样试验每个词，看看是否舒服，选择一些你喜爱的词并大声朗读，直到它们自然而然地成为你的惯用词汇。当下一次你想要赞美别人聪明时，你就能极其自然地说：

“哦，你是如此的聪颖。”

“噢，多么足智多谋。”

“太机灵了。”

或者，“你真聪慧。”

男士专场

先生们，我们女人在镜子前会花很多时间（别装作不知道）。记得我上大学的时候，为了赴一个约会，我会花整整 15 分钟的时间来化妆。而之后每年都得再增长几分钟。到了现在，晚上赴约前，我坐在镜子前的时间已经长达一个半小时。

先生们，当你们的妻子精心打扮后，走下楼梯准备和你一起外出或者当你去接一位女士一起吃晚饭时，你会怎么说呢？如果你不作任何评论，只是说“嗯，可以走了吗？”你认为这位女士会有什么感想？

我的朋友加里是一位非常有教养的绅士，我们大约在 12 年前认识，我永远不会忘记他第一次到我家门口接我去约会的情形。他说：“莉尔，你太美了。”我很高兴听到他这么说！

大概一个月后，我再次见到加里，还是在我家门口，“莉尔，你

太美了。”虽然和第一次说的话完全一模一样，但我仍然表示感谢。

如今，已经 12 年了，我和这位绅士一直是朋友。我们大概每两个月碰面一次，每一次他都是这一句，“莉尔，你太美了。”（我发誓如果哪天晚上我穿着法兰绒睡衣，脸上再涂上泥浆面膜，加里也会说：“莉尔，你太美了。”）

为了帮助男人们避免犯加里的错误，在我的研讨会上，我要求每个男人都要想一个关于漂亮或美丽的同义词。之后我给他们介绍一位女士，我要求每个男人都假装是她的丈夫，这时她刚刚下楼准备出去吃晚饭，我要他们每个人都牵起她的手，说一些称赞的话。

“达拉，”其中一个说，“你优雅极了。”

“噢！”屋内响起了女人们的感叹声。

“达拉，”另外一个拉起她的手说，“你非常出色。”

“噢！”屋内的女人们都异常惊喜。

“达拉，”第三人握住她的手说，“你多么迷人。”

“喔！”至此，屋内的女人们彻底为之陶醉。

男人们，注意了！词汇能使我们女人感到兴奋。

技巧 26　个人词库

查查同义词字典，找一些你每天使用的字词，找到可以替换的新词。然后像试穿一双新鞋一样，试读一些新词，看看它们是否恰当。如果你喜欢其中一些，那就开始替换你快用烂了的陈旧词汇吧。

请记住，仅 50 个词而已，就能让你一跃成为词汇高手，连续两个月每天替换一个词，你便会成为言辞精英。

更多男女皆宜的建议

设想你正在参加一个精彩的晚会。不要告诉主人晚会很精彩，大家都这么说。告诉主人说晚会很辉煌，超级棒，非比寻常。紧紧拥抱主人，告诉他你度过了一段美妙的时光、令人难忘的时光、荣耀的时光。

在最初的几次，你说“荣耀”的这个词时，可能有点难以开口，你还是觉得说精彩更顺嘴。但不要紧，多说几次，达到熟悉就好了，就像穿一双新鞋，刚开始确实有点夹脚，穿过几次自然就好了。

27 如何显得从容不迫

老虎与老虎一起觅食，狮子与狮子一起栖居，小野猫与小野猫一起四处逃窜，这就是物以类聚，人以群分。但在人类丛林中，大人物们都知道一个秘密：推迟暴露出你和别人的相似性，或让他们自己去发现你们的相似性，那样会使你在他们眼中更有冲击力。总之，不要急于确立密切关系。

每当有人提到一个共同的兴趣或经验，先不要急忙插进来说，“嘿，我也是！我也这样做”或“你说的那些我都知道”，而要让对方尽兴地说下去。在告诉她你也是乡村俱乐部成员之前让她继续这个话题；在他分析完美国著名职业高尔夫球手阿诺德·帕尔默的高尔夫挥杆后，你再随意比较一下高尔夫大师格雷格、杰克、老虎伍兹和阿尼的挥杆（这几位都是美国高尔夫界的翘楚）；在她告诉你赢了多少场网球比赛后，再顺便提一下你的 USTA（United States Tennis Association 美国网球联合会）排名。

几年前，我跟一个刚认识的人说起我非常喜欢滑雪，他一直津津有味地听我谈论在滑雪地的旅行见闻。我对各个旅游胜地大加赞扬，分析各种利弊条件，讨论人工与自然雪的区别。直至我的长篇大论将近结束时，我才意识到忘了问这个新朋友是否喜欢滑雪。他回答道：“是的，我在阿斯彭（Aspen，一座典型的美式滑雪城）有套小公寓。”

酷！如果在我说自己多么喜欢滑雪后，他立即告诉我他有这么一个滑雪场地的话，他只会给我留下模糊的印象。然而，直到我们的聊天接近尾声，他才透露他是一个非常狂热的滑雪爱好者，这多么令人难忘！

我把这个技巧叫作“不要着急说‘我也是！’”每当人们提到你曾参与过的活动或感兴趣的爱好时，先让他们尽情发表看法，然后在适当的时候，随意提起其实你和他们志同道合。

“喔，我一定让你觉得相当无聊吧！”

连续好几个星期我都想找机会试一下这个技巧，而在一次会议中我终于得以实践。一位刚认识的女士跟我讲起她最近的华盛顿之旅（她不知道我在华盛顿长大）。她跟我描述了美国国会、华盛顿纪念碑、肯尼迪中心以及他们夫妇如何在沿溪公园骑自行车。（一时间我真的彻底沉浸在这些游客眼中的熟悉景点中，而忘记保持缄默只是为了实践我的新技巧。）

我问她在哪里住，在哪里吃饭，是否有机会到美丽的马里兰或弗吉尼亚郊区看看。这时我对她旅程的兴趣显然让她感到高兴，她说：“听起来你非常了解华盛顿呢。”

“对呀。”我答道，“那是我的故乡，但很久没回去过了。”

“你的家乡！”她尖叫，“天哪，你为什么不告诉我呢？我一定让你觉得很无聊吧。”

“哦，一点也不。”我诚实地回答，“我非常喜欢听你说起这趟旅行，我怕我告诉你以后你就不讲了。”她的灿烂笑容，她那一句几乎听不清的“噢，天哪”，让我知道自己赢得了一个新朋友。

当别人开始讲述他们参与的活动、去过的地方、加入的俱乐部以

及拥有的爱好时，对你参与了的任何事情切记要保持缄默。让对方沉浸在他或她自己的独角戏中，你可以放松并享受，然后，待时机成熟，随意地透露出你的相似性，记住一定要提到你是多么喜欢听他或她分享这件有趣的事。

技巧27　不要着急说“我也是！”

每当你跟别人有一些共同语言时，越延迟透露的时间，他就越会被打动（印象深刻）。此时，你更像只自信、有耐心的大老虎，而不再是渴望与陌生人迅速建立密切关系的孤独小野猫。

特别提醒：不要等太久才说你也有共同兴趣，否则会显得你很有城府。

28 沟通从“你”开始

“Sex！现在你注意到我了……”两毛五的漫画中经常会用这样的字眼来插科打诨或吸引人们的注意力。不过，成功人士都知道还有一个词比“性”更能吸引人。这个词就是“你”。

为什么“你”这个词会如此强大？因为当我们还在婴幼儿时，就认为自己是宇宙的中心。除了我和我自己，其他什么都不重要，那些围着我们转的模糊影像（后来我们知道那是其他人）完全是为我们服务而存在的。我们是以自我为中心的小孩子，我们的小脑袋把每一句话、每一个行动都翻译为“这对我会有什么影响？”

大赢家们知道我们一点都没变。成年人把以自我为中心掩盖在文明和礼貌的面具下，但大脑仍然会本能、立即、不厌其烦地将一切转化为那一句“这对我会有什么影响？”

先生们，假设你想邀请同事吉尔一起吃晚餐，你这样对她说：“城里有家新开的印度餐馆，非常不错。今晚是否肯赏光跟我去那里共进晚餐？”

在回答之前，吉尔暗自思忖：“他的‘不错’是指食物还是氛围，还是两个都是？”她还会继续想：“我没吃过印度菜，他说很不错。但我会喜欢吗？”这么想着，吉尔就有些犹豫，很可能因为你的缘故让她犹豫，交流的喜悦也逐渐消失。

而如果你对她说:“吉尔，你一定会非常喜欢这间新开的印度餐馆。今晚愿意跟我一起去那儿吃饭吗？”在这种措辞方式中，你已经下意识地回答了吉尔的问题，她会倾向于迅速地说:“好呀！”

心理学家告诉我们，苦乐原则是人生的指导力量，每个人都会本能地靠近快乐，远离痛苦。思考对许多人来说是痛苦的。而大赢家们（当他们想要控制、激励、说服他人，想要被人喜爱或邀请别人吃饭时）都替他们考虑好了。他们把一切都转化成其他人的措辞，所有语句都以那个强大的词“你”开头。因此，我把这个技巧叫作“沟通以你为本（Comm-YOU-nication）”。

需要帮忙时“以你为本”

把“你”放在最前面会得到更好的回应，特别是当你需要别人帮忙的时候，因为这涉及被请求者的自尊心问题。假设你决定去问问老板星期五能不能请假，你认为哪个说法他或她会更积极地做出反应？是“老板，星期五我能请假吗？”还是“老板，星期五你没有我行吗？”

第一种情况中，老板不得不把你的“星期五我能请假吗？”转换成“星期五我没有这位员工可以吗？”这是一个额外的思维过程（你知道有些老板是多么不愿做这样的思考！）。

但在第二种情况里，“老板，星期五你没有我行吗？”你替老板进行了思考，你的新措辞使“没有你也行”成为老板的自尊问题。“当然，”他对自己说，“星期五你不在我也能行。”

恭维别人时“以你为本”

“沟通以你为本”会丰富你的社交谈话。先生们，如果一位女士

说喜欢你的西装，哪种表达更能给你温暖的感觉？是她说“我喜欢你这套衣服”还是“你穿这套衣服看起来非常不错”？

聪明的职场人在社交中会利用“沟通以你为本”来突显优势。假设你正在做报告，与会者提了个问题，虽然“这是一个很好的问题”会让他感觉不错，但如果你这样说他的感觉会更好：“你问了一个很好的问题。”

销售员们，不要只跟你的潜在客户说：“……是非常重要的。”而应该这样说服他们：“你会看到……的重要性。”

在谈判中，要避免出现“结果会……”这样的句式，而要让对方知道，“当你……你会看到……结果”。甚至在路边与陌生人交谈时，使用以“你”开头的句式也非常有效。

有一次，我在从旧金山去金门大桥的路上迷了路，起初我拦下一对正在爬坡的夫妇，“对不起，”我向窗外叫道，“我找不到金门大桥。”他们面面相觑，耸了耸肩，脸上尽是“这些游客怎么这么愚蠢”的表情。“那边。”那个丈夫指着前方小声说道。

我叫住遇到的第二对夫妇。“对不起，金门大桥在哪里？”他们面无表情地指了指相反的方向。

然后，我决定试试“沟通以你为本”。当我遇到另一对散步的夫妇时，我对着窗口说道，“对不起，你能告诉我金门大桥在哪儿吗？”

“当然，”他们走到我车边，详细地告诉我该怎么走。你瞧，运用这种措辞就成了一种巧妙的提问。实质上，“你可以帮我指一下方向吗？”这样的提问方式让他们觉得很骄傲。

“嗯，这个‘你’还真管用。”为了验证我的假设，我继续向不同的路人用这三种不同形式进行询问。果然，比起以我或哪里开头的提问，当我问“请问你可不可以告诉我去……该怎么走？”时，人们都会显得更愉悦、更友善。

技巧28 沟通以你为本

适当使用以“你”开头的句子，这样会立即抓住听众的注意力，使得他们给你更加积极的回应，因为这样的句子也会触动他们的自负心理，同时帮他们省掉思考的过程。

聊天时，要频繁使用“你”，要像吃东西撒盐和胡椒粉一样，听众会觉得那是无法抗拒的香料。

我敢肯定，在伊甸园中夏娃并没有要求亚当吃掉苹果，她也没有命令他吃苹果，她甚至没有说：“亚当，我想要你吃这个苹果。”她只是换了种措辞说（所有的大人物也会这一招），“你一定会喜欢这个苹果的。”所以他咬了一口。像聪明的夏娃一样吧，这将会使其他人都臣服于你言语的魅力。

“以你为本”是通情达理的标志

根据精神治疗师的统计，精神病院的病人说“我”的次数是正常人的12倍，随着病情的好转，病人使用“我”的次数也逐渐减少。

在正常人的社交活动中，你越少使用“我”，听众越觉得你清醒理智。如果你不小心听到大人物之间的交谈，你会发现在他们的谈话中，“你”的出现次数远比“我”多。

下一个技巧涉及大人物们在以“你”为导向的谈话中不知不觉间让你心悦诚服的方法。

29 独一无二的笑容

你是否曾经见过那些成本低廉，整本只用同一个模特，并以邮购为方式的时装目录？无论身上是套着结婚礼服还是穿着诱人的比基尼，她的脸上都挂着僵硬、无神的微笑。看着她，你会觉得，如果敲敲她的前额，一定会有个微弱的声音说："这里没人。"

而在经典杂志中久经沙场的模特们则有着丰富多样的表情：第一页是"我的心中有一个秘密"的挑逗微笑；下一页是"我想要了解你，但没有把握"的古怪笑脸；而第三页上是神秘的蒙娜丽莎微笑。你会觉得那美丽的脑袋里正跳跃着诸多念头。

在我工作过的船上，我曾经跟船长夫妇和其他几位员工站在一起列队迎宾，一位带着灿烂笑容的乘客沿着队列一路握手过来。当他走到我面前时，他像阳光般向我微笑，露出整齐洁白的牙齿，就像崭新的钢琴键一样。看着他，我呆若木鸡，仿佛一道耀眼的光芒照亮了昏暗的舞台，我祝福他有一次愉快的航程，并下决心等会儿一定要认识这位迷人的绅士。

随后他被介绍给下一个人，我眼角的余光还能看到他招牌式的灿烂笑容，之后第三个人，依旧是同样的笑容。我的兴趣开始变得越来越小了。当他对第四个人绽放他那一视同仁的笑容时，在我看来他就像一只咧嘴傻笑的柴郡猫（《爱丽丝漫游仙境》中的虚构角色）。到了

第五个人时，他那始终如一的笑容简直就是一盏扰乱舞台气氛的闪光灯。闪光男继续沿着队列向每个人绽放相同的笑容，这时我再也没有与他交谈的兴趣了。

为什么这个人的行情在上一分钟还不断上涨而到下一分钟就直线下降？这一切都因为他的笑容。虽然迷人，但对我却没有任何特别的反应。他对每个人都露出相同的微笑，这显然失去了针对性。如果闪光男对我们每个人展露的是稍微不同的笑容，那他会显得敏锐而富有洞察力。（当然，如果他对我笑得比对别人灿烂的话，不到仪式结束我肯定会跑去拥挤的舞台找他了。）

审查微笑的套路

如果你因工作需要携带一支枪的话，你应该在射击之前先了解所有零部件，并且在瞄准前仔细思考你的目的是让目标死亡、重伤或仅是轻伤。笑容是你最大的沟通武器之一，因此要学习关于笑容的一切"部件"并确定你想要的效果，然后留出 5 分钟站在镜子前，绽放你的笑容并从中找出细微差别。期间请锁好卧室或浴室的门，否则你的家人会以为你是歇斯底里了。现在，就像当你被介绍给不同的人时你会选择性地说"嗨""你好"和"很高兴认识你"一样，绽放不同的笑容。不能一视同仁，尽量让你的每个笑容反映出你对他们细微的情绪差别。

技巧 29 独一无二的笑容

如果你对每个人都露出一模一样的笑容，如同批量印刷的货币，笑容也会失去价值。当你碰到很多人时，要带着不同的笑容去跟别人打招呼，沟通达人懂得让自己的笑容表达不同的情感。

如果在人群中，某个人对你来说尤其重要的话，那么对他绽放最灿烂、最迷人的笑容吧。

搭讪笑容

我发现当你想结识某人又苦于没有认识机会时，快速微笑也是很有效果的。

密苏里大学严谨的研究人员为后世证明了笑容的搭讪力量。他们进行了一项名为“诱惑男人：酒吧中笑容与目光接触的效果”的深度验证研究。[15] 为了证明他们的假设，在当地某间酒吧，女研究员跟毫不知情的男试验者一边喝酒一边进行目光接触。对一些男士，女研究员不仅看了一眼还对他们微笑，而对另外一些男士则一点笑容都没有。

结果怎样？研究报告称：“据观察，在面带笑容的情况下，出现‘接近行为’的几率最高，为 60%。”也就是说，“如果女士笑了，这个家伙走过来的几率高达 60%。”而在没有笑容的情况下，他“靠近的几率仅有 20%”。所以，对那些想要搭讪的人来说，一张笑脸就能发挥很大作用。

但在非搭讪的情形下，请尝试第一部分的洪溢式笑容和上面所讲的独一无二的笑容。

避免让人觉得你很傻

你还记得经典电影《安妮·霍尔》(*Annie Hall*)中黛安娜·基顿(Diane Keaton)第一次遇见伍迪·艾伦(Woody Allen)的场景吗?当他们聊天时,她沉思着,“哦,希望他不像其他人那么愚蠢。”

促使大人物认为你是一个傻瓜的最快捷方法之一是使用一些陈词滥调。如果你正在与一流的沟通大师聊天,并且天真地说了一句,“是的,我累得像条狗”或“她可爱得不得了”,那么你已经不知不觉地埋下了语言上的炸弹。

当大人物听到别人说陈腐且老掉牙的话时,他们都会暗自抱怨。但是,就像我们其他人一样,大人物们也会觉得自己健壮得如牛犊,快活得像百灵鸟,高高在上像风筝。他们也认为自己的一些熟人疯疯癫癫、神经兮兮或有眼无珠,因为他们中的许多人工作勤苦,不少更是像蜜蜂一样忙忙碌碌,因此极为富有。

然而,他们会用这些词汇描述自己或身边的人吗?从来不会!原因何在?因为当你对着一个大人物用陈词滥调时,你实际上是在说:“我想象力极度贫乏,我想不出什么新颖的表达,所以我只得用这些老掉牙的东西。”在非同寻常的成功人士面前说一些常见的老套词汇等于给自己打上了极其平庸的记号。

技巧 30　碰都不要碰陈词滥调

警惕！与沟通高手聊天不要使用任何陈词滥调！甚至碰都不要碰。即使太阳从西边出来也不要？一点都不要？是的，除非你想让人觉得你笨得像木头，否则最好不要。

下一个技巧我们将讨论替代陈词滥调的办法，运用起来的话，你也会妙语连连。

31 让交谈更精彩

人们常说，笔墨胜刀剑，但语言更胜于笔墨。语言能够给人带来笑声、眼泪，并激励他们振作起来。演说家能用语言把国家推向战争或将迷失的灵魂引领到上帝面前。他们到底有什么魔法？也许专业运动员拥有比我们更加强壮的身体，专业歌手拥有比我们更加美妙的歌喉。但专业的演讲家具备的技能我们都有，我们都拥有同样的眼睛、耳朵、手、腿、胳膊和嗓子。

不同的是，这些喋喋不休的专业人士把它们发挥得淋漓尽致。他们不仅运用自己的双手和身体，还将姿势和影响结合得天衣无缝。他们会考虑聊天的场所，会运用许多不同的声调，会使用各种不同的表达方式，会随时调整语速……甚至还会利用沉默。

你可能不用立刻进行正式演讲，但有时（可能很快）你希望别人以你的方式来看待某些事情。无论是说服你的家人到你奶奶那里度假，还是说服拥有百万资产企业的股东同意进行收购，你都要预作准备。因此阅读一两本关于公开演讲的书并从中学习一些演讲技巧，并把技巧应用到你的日常交谈中，是非常有用的。

不同场合的妙语

活跃而准确的单词能帮你更好地表达观点，强有力的语句影响力更是不容小觑。它们已经帮过政客当选（“没有新的税种”）和让被告无罪释放（“如果不符合的话，你必须宣判他无罪。”）

所有政治家和刑事律师都知道，整洁的词组是强有力的武器。辛普森的梦幻律师队中，如果约翰尼·科克伦只是说，“如果手套不合身的话，他一定是无辜的。”他这句笨重无味的话根本不能打动陪审员。政治家们知道一旦你使用的词语不够谨慎，你的敌人就会利用它们进行反击。

我最喜欢的演讲家是一位叫巴里·法伯的电台节目主持人，他运用一些生动有趣的比喻让深夜电台节目增色不少。巴里从不会用像“紧张得如同热锅上的蚂蚁”之类的陈词滥调。比如，他会这么形容对失业的担忧：“我感到自己像是一头在悬崖间晃来荡去的大象，它的尾巴系在一株雏菊上。”他不会说：“我看到一个漂亮的女人。”他会说：“哦！那个女孩让我眼珠子都要蹦出来，我只想跟着她走！”

我第一次见到他时问：“法伯先生，你是怎么想出这些词的？”

“我爸爸才是法伯先生，我是巴里”他责怪道。（猫王埃尔维斯·普雷斯利曾经说过，“我爸爸是普雷斯利先生，叫我埃尔维斯。”）然后，他坦率承认，虽然他的一些语句非常新颖，但很多是引用的。与其他专业演讲家一样，巴里一星期要花好几小时认真搜集引语和幽默的书籍。他们收集可以在各种场合使用的警言妙句，以便在意想不到的情况下让自己摆脱窘境。

许多演讲家都会运用作家与演说家代表的莉莉·沃尔特斯的著作《在台上意枯辞穷时该说什么》[16]中保全面子的方法。如果你讲了个笑话，但没有人笑，尝试说：“这笑话是为了得到无声的笑，看来它做到

了。”如果麦克风发出痛苦的哀号，你可以看着它说：“我不明白，今天早上我明明刷了牙呀。”如果有人问了一个你不想回答的问题，“可不可以等我讲完了，并且顺利踏上回家之旅时再回答这个问题？”所有专业人士都会设想自己可能掉进的陷阱，然后记住大逃亡线路。你也可以这样做。

翻阅一些轻松愉快、诙谐幽默的书去丰富你的日常会话。不要说“高兴得像中了500万彩票一样”，而尝试说“快活得像百灵鸟”或“像婴儿第一次吃到蛋卷冰淇淋那样开心”；不能说“秃顶”，去试着说“像新发现的海洋一样一无所有”或“像牛蛙的肚子一样一毛不长”；不要说“安静得像一只耗子”，而试试“像鳗鱼在油里游一样一声不响”或是“如同苍蝇停在鸡毛掸子般鸦雀无声”。

寻找一些有视觉冲击力的语句，不要说“如死亡和税收一样确定无疑”之类的陈词滥调，而尝试说“像城市里早上7点半的交通一样”或“就像你的影子会永远跟着你一样”。你的听众看不到死亡或税款，但他们肯定能看到7点半拥挤的马路或一路追随他们的影子。

试着把你的比喻与周围情况联系起来，如果你跟别人一起坐出租车，“像不断跳数的出租车计价器一样肯定”就能立竿见影，如果你是和一个正在遛狗的男子聊天，那么“就像你的狗想跑到树边撒尿一样千真万确”则会给你增添些许幽默感。

博取他人的欢笑

幽默可以让任何交谈变得更加精彩纷呈，但千万不要以这样的开头“嘿，听过一个关于……？”开始你的笑话。要根据现实情况计划你的幽默，例如如果你要去参加一个关于预算的会议，那么查阅有关报价书、款项方面的经典言论，在紧张的讨论形势下，小小的率性幽

默将表明你很放松。

有一次，在一个令人郁闷的金融会议上，我听到一位高管说："别担心，这家公司有足够的资金维持好几年的经营，当然，是在偿还债权人的款项之后。"他打破了紧张气氛，赢得了所有人的赞赏。尽管后来我在喜剧演员杰克·梅森写的幽默类书籍上看到了相似的引用，那又如何？这位高管的机敏评论仍然让人觉得他是一位冷静的沟通大师。

密歇根州有一位名叫蒂莫西的兽医，虽然他在兽医行业内是赫赫有名的大人物，但对此以外的事他却一无所知。当他打算给一只因被冻伤而失去双脚的公鸡接上一对脚时，他成了国内的头条新闻。为什么呢？因为他称这是"鼓槌体移植手术"。

我不知道法国女人雅娜·卡尔芒（公认的世界最长寿的人）是不是在为她 122 岁生日的宣传造势，但当她告诉媒体"我只有过一条皱纹，我正坐在它上面"后，她登上国际新闻的头条。

马克·维克托·汉森，在写作领域内是一位显赫人物，但一度不被外人所知，直到他为与杰克·坎菲尔德共同执笔的著作想出了一个好记的名字《心灵鸡汤》后，才享誉国内外。他告诉我原来的书名是叫《101 个美丽的故事》，你觉得这个书名能吸引人吗？在《心灵鸡汤》获得热烈反响后，他们又推出了《心灵鸡汤女性篇》《心灵鸡汤青少年篇》《心灵鸡汤母爱篇》《心灵鸡汤圣诞篇》以及在精装本、平装本、录音带、录像带和日历等方面的第二、第三、第四份心灵鸡汤。

提醒一下

无论你准备的材料多么美妙，如果与环境不相符，它们是不会受欢迎的。在油轮上的那段时间里，我费了一番苦功才明白了这个道

理。在前往英国的航程中，我决定用英文给游客们朗读勃朗宁夫妇的爱情诗。“问我多么爱你？听我细说端详。（How do I love thee? Let me count the ways.）”

这是一次极为成功的演出。旅客们非常喜欢，甚至之后的好几天都在热烈讨论，我一走上甲板就有一堆旅客走过来深情款款地说，“问我多么爱你？听我细说端详。”当然，我对这次表演感到很骄傲，并且自命不凡地认为自己是个杰出的诗歌朗诵家，所以我决定表演英文情诗朗诵作为下一航程的旅客的奖赏（那是前往加勒比的航行，并不去英格兰附近的任何地方）。然而这次的结果却很糟糕，在余下的航程中，我一走上甲板，旅客们唯恐避之不及，仿佛在说“问我多么烦你？听我细细道来。”

技巧31　使用俏皮话

无论你是站在讲台上，面对成千上万的观众，还是在烤肉架边面对自己的家人，你都可以运用相同的技巧来打动人心、逗乐和激励他们。

平时要阅读一些演讲书籍，精选引文，挑出妙语，吸收书中的精华。这样在某些特定场合你就能“随意”地说出一些押韵、幽默的俏皮话。如果你希望引人注目，也可以自创一些妙语好词。

要说得有节奏，说得有趣，尤其要注意，别引用那些不着边的话。

32 像大赢家那样谈笑自如

如果走进一部电梯，里面的人都讲匈牙利语，除非你也懂匈牙利语，否则你不会认出他们都是匈牙利人，但一旦你开口，他们就能认出你不是匈牙利人。

这和大人物们一样。如果你无意中听到他们在说些什么，你可能没有意识到他们是大人物。但你一开口，他们就能察觉到你不是大人物，除非你说他们的“行话”。

大人物的咆哮和小人物微不足道的嘘声有哪些区别？最明显的是委婉语。大人物并不害怕说实话。他们直言不讳，像“厕纸”之类的词照用不误，而小人物只敢装模作样地说“洗手间里的纸巾”。大人物叫有钱人为“有钱人”，而小人物会觉得在文人雅士面前谈论钱非常尴尬，所以用“富人”代替。小人物使用替代词或委婉语，实际上是在说，“哎呀，你比我出色，但现在我和上流阶层的人在一起，所以我得用一些考究的词。”

技巧32 直言不讳

不要拐弯抹角地说话。要实话实说，直言不讳。这并不意味着大人物要放弃体面而选择枯燥无味的语句，而是他们已经完全掌握了地道的正统英语。

辨别大人物还有另外一种方法，即花几分钟去倾听他们的谈话。

33 永远不要揶揄他人

有一次，我参加了一家广告公司总裁路易斯及其太太莉莲举办的一个小型宴会。晚宴先上鸡尾酒，接着是配有各种顶级葡萄酒的美味佳肴，大家一边愉快地聊天一边享用美味的菜肴和上等葡萄酒，宾主尽欢。在晚宴的尾声，当路易斯举起酒杯致祝酒词时他酒杯中的一些葡萄酒溅了出来撒在桌布上。

此时，一个艺术总监的年轻漂亮女伴揶揄地笑道："我敢说你喝高了！"

话声刚落，引来的却是一片尴尬的静默，在场的人都愣住了。主人确实有点醉，但当着众人的面指出路易斯有些醉酒，即便是在开玩笑，也像突然用餐盘把餐桌上方的水晶吊灯打碎一样。

很快，一位客人过来为女孩令人惊骇的失态解围，她举起杯子说："大伙儿都高了！路易斯和莉莲公司的每个人都喝高了，因为这是一个多么美好的夜晚！"

然后路易斯继续他的精彩祝酒词，没有人再觉得尴尬。除了那个艺术总监，他知道，女伴愚钝的揶揄将在他的人事档案上留下一个污点。

揶揄是小人物的一个明确标志。小人物们四处拍着他们朋友的大肚皮说，"吃了不少奶酪蛋糕吧？"或者看着他们的秃头说："哟，头发还在呢，说不定明天就不见了，哈！"他们认为嘲笑别人的缺陷能

带来笑声，制造热闹气氛，而其实那是在说：“你怎么不自卑点，你低人一等。”

技巧 33 远离揶揄习性

小人物一个很失败的习惯就是爱揶揄别人。嘲笑别人也许能让你得到廉价的笑声，然而，通常笑到最后的才是大人物。因为你的脑袋只会撞上隔在你们之间的玻璃天花板上，那可是沟通高手用来避开小角色用的。

永远，永远，不要开揶揄别人的玩笑，否则你将付出高昂的代价。

34 传达坏消息的小技巧

在古埃及，如果最谦卑的送信人带来的是好消息，那么他一到法老的宫殿就会有王子级别的待遇。但如果疲惫不堪的送信人带来的消息让法老非常不高兴，那他的脑袋就保不住了。

这种性情的阴影也渗透到了当今的交谈中。有一次，我和朋友包好了一些花生酱、果冻三明治准备去郊游。当我们提着野餐篮，欢快雀跃地走出门时，一个邻居笑眯眯地在他家门前走来走去，望着天空说:“天啊，今天去野餐实在太糟糕了，新闻报道说要下雨了。”我真想把三明治使劲扔到他脸上，不是因为那阴沉的天气报告，而是他的笑声实在让人忍无可忍。

几个月前，我急急忙忙赶去搭车，当我气喘吁吁地把现金堆在灰狗（美国长途公共汽车公司——译者注）的柜台上时，那个销售代理咧着嘴笑道:“哦，5 分钟前巴士刚离开。”噩梦!

让人生气的不是消息本身，而是他们无动于衷的态度。每个人都有告诉别人坏消息的时候，而成功的专业人士懂得运用适当的态度。医生会满怀怜悯地向病人建议，她需要动个手术；老板会摆出同情的姿态告诉员工，他失业了；发生了重大事故之后，在机场忧心忡忡的律师会和亲属一起分担悲痛的情绪。大赢家们知道，告知坏消息时他们应当与对方的情绪保持一致。

不幸的是，很多人都没有注意到这个问题的敏感性。当你因长途飞行而感到疲惫不堪时，如果旅馆服务员高高兴兴地说："你的房间还没有准备好"；当你一门心思想要烤牛肉时，如果服务员满脸开心地说："最后一块已经卖出了"；当你这个周末需要现金，而银行出纳员兴高采烈地告诉你："你的账户透支了"，这让作为旅客、用餐者或储户的你只想朝他们那漠不关心的笑脸挥上一拳。

技巧 34　照顾听者情绪

足球运动员如果盲目传球的话，接球的人肯定不会轻松，所以真正的高手在传球之前都会先想想接球的那个人。

在抛出任何消息之前，同样请先考虑消息接收者的感受和想法。根据对方的情绪和反应，决定你是该微笑、叹息还是哭泣。

如果我的邻居一脸同情地告诉我暴雨即将到来，那么我会感激他的警告；如果灰狗店员同情地表示我的车已经离开，我可能会说："哦，没关系，我可以搭下一班。"大赢家们在传达坏消息的同时会给予接收人需要的情感慰藉。

35 回答不想回答的问题

芭芭拉是我的一位客户，在家具业界颇有名气，最近刚和她的丈夫弗兰克离婚。弗兰克是家具业巨星，同时也是她的业务合作伙伴。漫长而混乱的离婚大战，让他们虽然仍有业务合作，但彼此的关系却达到了冰点。

离婚后不久，我在一次行业会议上碰到了芭芭拉。她和弗兰克两人在业内都备受爱戴，所以人们很好奇他们之间发生的事以及离婚对他们公司的影响。当然，没有人敢直接问，而芭芭拉也没有做出任何解释。

在盛大的告别晚宴上，我坐在芭芭拉旁边。餐后甜点的时候，她的一个同事显然再也按捺不住好奇心，欠身凑近芭芭拉，低声问："芭芭拉，你和弗兰克是怎么回事？"

对于这个无礼的问题，芭芭拉显得若无其事，她只是舀了一勺法式红酒烩鲜樱桃，说："我们已经分开，但公司不会受到影响。"

这个女人显然对这一答复并不满意，她更使劲地追问："你们还一起工作吗？"

芭芭拉又吃了一口甜品，用一模一样的语调重复道："我们已经分开，但公司不会受到影响。"

挫败的询问者并不想轻易放弃："你们仍然一起工作吗？"

芭芭拉看起来丝毫也没有受那女人无理问题的影响，她舀起最后一点樱桃，微笑着直视着她，用之前的语调说："我们已经分开，但公司不会受到影响。"

这次她乖乖闭嘴了，芭芭拉运用"同义反复"技巧显示了她的大人物标记，那是结束不受欢迎的盘问最有效的方法。

技巧35　同义反复

当有人不断盘问一些你不想回答的话题时，只要不停重复最初的回答就行了。你可以用完全一样的语气和内容作答。

对方要是识趣的话，只要第二次听到同一个答案，往往就会闭嘴。如果盘问者仍旧无礼地缠着你问个不休，那你重复第三次的时候，他肯定就会闭嘴走开。

36 与名人交谈的艺术

假设你在一家不错的餐馆刚坐下准备吃晚饭，你随意瞄了一下隔壁桌，你看见谁了？真的是他吗？可能吗？那只是一个相貌酷似的人罢了。不，这不是！确实是伍迪·艾伦（这里可以替换成其他名人，如你最喜欢的电影明星、政治家、节目主持人、总公司的老板）。巨星本人，正坐在距离你不到 10 英尺的地方，这时你应该怎么做？

什么也不做！大赢家们对名人不会表现出狂热的样子。让名人享受瞬间的安静吧，如果他朝你的方向望了一眼，那么，笑一笑，点点头。然后把目光移到和你一起吃饭的人身上。你的泰然处之也会让跟你进餐的人觉得你非常冷静从容。

如果你实在无法抗拒跟巨星握手并表示你的倾慕之情的诱惑，这是个多么千载难逢的机会啊，这里会告诉你如何落落大方去做这件事。你应该等到你或那个名人买完单准备离开餐厅时（显然，这样不会占用他许多时间）再走过去。不妨这样说，“艾伦先生，我只想告诉你，多年来你那些精彩的电影带给我无穷的快乐，非常感谢你。”

你注意到其中的微妙了吗？你并非在恭维他的工作。如果你贸然走上去说，“艾伦先生，您真是一个出色的导演！”“你到底是谁啊，”他可能会问自己，“有什么资格判断我的工作是否出色？”因此你只

能从自己的角度出发。要做到这一点，你只需告诉他他的作品让你多么开心就可以了。

当伍迪或其他超级巨星要离开时，尽量使用你的身体语言去表达你的喜悦。但如果巨星被你迷住了（可能之前喝了不少酒，所以他决定今晚一起找乐子），那什么事情都有可能发生。现在一切都只能靠你自己了，痛快地玩，直到你接收到他们想结束的第一个身体语言信号。想象自己是一个在舞厅跟老师跳华尔兹的学生，他领导，你跟随，接着他告诉你华尔兹舞曲结束了。

所以，顺便说一句，如果巨星身边还有同伴，而你们聊了好一会儿，那么要不时和那个同伴说上几句，因为能和如此优秀的人为伍，他也很可能是一个多才多艺的人。

“我喜欢你过去……”

另一个敏感区是电影明星很可能沉迷于他的最后一部电影，政治家对他最后一次选举念念不忘，企业巨头对他的最后一次收购志得意满，作家痴迷于她的最后一部小说，等等。因此，讨论明星、政治家、企业巨头、作家或任何显要人物的工作时，设法让自己所说的跟他们当前或最近的工作扯上关系。告诉伍迪·艾伦你多么喜爱他那套 1980 年电影《星辰往事》是不会让他喜欢你的，他会这么想，“之后的那些精彩电影怎样呢？”如果可能的话，还是选择近期的那些杰作。

技巧36 切忌不淡定

有大人物范儿的沟通高手在和名人的交流中，会表现得淡定有分寸，绝不会口若悬河，瞎说一通。和名人聊天，切忌只是恭维他的作品，你只要说说他的作品带给你哪些感触和启发就够了。如果你还是说到了他的作品，一定确保它是近期的，而不是剪贴簿中泛黄的记忆。

如果蜂后旁边还坐着一只雄蜂，想办法让他也加入你们的交谈。

37 让谢意不再单薄

这里用一个简单而亲切的小花招来结束我们这一章。这个技巧不仅向他人表明你是一流的沟通大师，还能鼓励他们继续支持你，称赞你，和你做生意，或者爱你。这个技巧非常简短、实用、简单。你可以跟生活中的每个人一起使用。当你每天都使用它时，你会发现它已经成为你的本能。

很简单，不要让“谢谢你”这句话显得苍白无力。频繁地使用光秃秃的“谢谢你”，甚至会使别人再也不想听到它。早上去买报纸，我们对找给我们零钱的小贩会简短说声“谢谢你”，可是当你面对给你带来一笔大买卖的重要客户，或为你烹饪出美味晚餐的爱人时你也只想说这么一句简单的“谢谢你”？要学会把“谢谢你”和某些东西联系起来。

当你身处的环境要求你不仅是脱口而出说“谢谢你”时，那就用下面的句子来修饰它吧：

谢谢你的光临；

谢谢你这么理解我；

谢谢你的等候；

谢谢你让我有一个这么好的客户；

谢谢你这么爱我。

通常，当我下飞机时，机长和副驾驶员会站在驾驶舱门口跟乘客告别，这时我会说："感谢你们带我们安全到达。"很显然，这样使用"不要只说'谢谢你'"的技巧有些极端，但它的效果立竿见影，令人惊讶。他们都争先恐后地说："噢，感谢你搭乘我们的航班！"

技巧 37　不要只说"谢谢你"

别只说一句"谢谢你"，谢什么都没有表明，谢意多单薄啊。要感谢的理由既然那么多，千万记得在谢谢后面加上理由，比如："谢谢你的邀请""谢谢你帮我拉拉链"。

第四部分

轻松融入任何圈子

为了让谈话顺利进行，你可以为积累谈资做些事情。每月一次，有意打乱你的生活，做一些你从未想过的事。参加一项体育运动，或是去看看展览，听听与你熟悉的领域完全无关的讲座，去经历完全陌生的体验。只要有一次不同的体验，你就能接触到 80% 的行话和业内知识。

你碰到过这种事吗？聚会上每个人都在讨论错误稽核、法规限制或图书馆市场，而你根本听不明白。这是因为他们不是会计师就是建筑师或出版商，而你跟这些行业完全没有交集，自然听不懂他们的行话。你一言不发地站在那里，脸上挂着尴尬的笑容，你怕一旦说错话，大家会在背后窃笑。你认为自己是个局外人，于是默默忍受着尴尬。

读高中时，我是典型的“对外沉默综合征”患者，尤其是在男生面前。他们只想谈论汽车，而我对车一无所知。后来，因为妈妈的一份礼物，我从腼腆害羞一跃变得善于交际。那是一本关于各式流行车型及其引擎区别的书。读了一遍后，我已经能够对福特、雪佛兰和别克如数家珍。当男生们说起化油器、发电机、凸轮轴和排气管时，我不再局促不安。其实我并不需要学习很多东西，只要提出恰当的问题足够让他们说下去就够了。当我学会和男孩子聊“汽车”时，我的社交生活也发生了奇迹般的变化。

长大了的男孩和女孩也有各自喜欢的话题，通常和我们的工作或兴趣相关。和同行或者有共同爱好的人在一起时，我们就能滔滔不绝，说个不停。（即使是沉默寡言的工程师，一旦聚到一起，也会喋喋不休地讨论油腻的涡轮机和各种项目。）对于局外人来说，听我们聊天就像听火星语。

在壁球手的聚会中，当你听到他们口齿伶俐地说什么发高球或擦边球时，一头雾水的你千万不要惊慌。即使你压根不懂壁球，如果你想插上话，需要的也只是一些技巧。和钓鱼要抛出鱼饵一样，你要做的就是抛出正确的问题好让人们滔滔不绝。戴尔·卡耐基说得没错，“真诚地表现出你的兴趣，别人就会开口讲话。”

在交谈中，需要大概了解别人的专业或兴趣领域才能真正让他们畅所欲言，而你也必须让人觉得你是非常值得交谈的对象，要让别人听出你对知识充满兴趣。

在本章中，我们探讨的技巧是如何让别人把你当成知情者，对你无所不谈。

38 尝试不同爱好

每当有朋友造访纽约，我都会警告他们，“别向坐地铁的人问路。”

“会被抢劫？”他们害怕地问。

“那倒不是，只是跟他们你问不清楚。”对于地铁，他们只知道两样事：他们自己在哪里上下车，其余的一概不知。谈起兴趣和爱好也一样，每个人除了了解自己的消遣，其他的对自己而言就如同陌生的站点。

我有一个未婚朋友丽塔，她非常热衷于玩保龄球，每个周三晚上都会和朋友们激战一场。她永远都在谈论当场的分数、平均值和最高局分。另外一位朋友沃尔特，也是单身，他则喜爱急流漂筏，他总是和志趣相投的朋友喋喋不休他去过哪条河流，更喜欢哪个等级的急流。考虑到这两个单身朋友可能会一见如故，我介绍他们认识，并提到他们各自的爱好。

“哦，你喜欢玩保龄球呀！”沃尔特说。

“是啊，”丽塔拘谨地笑了笑，她正等待机会说更多关于保龄球的事儿，沃尔特却沉默了。

为了掩饰她的失望，丽塔说：“嗯，莉尔说你喜欢漂流。”沃尔特自豪地笑了，等待丽塔进一步和他聊关于划桨的事儿。“嗯，那一定

相当兴奋吧！有危险吗？”丽塔已经尽心竭力了。

“不会有危险，”沃尔特神气十足地回答了她这个典型的局外人问题，然后，就没有然后了。

我当时在想，如果丽塔刚去过某条河流漂筏，又或者沃尔特刚玩过一次保龄球，他们的交谈就可能顺畅很多，或许还可能擦出火花，他们的生活也许会从此改变。

为积累谈资做些事儿

“混乱疗法”技巧可以用来拯救这种令人失望的邂逅，让你变得多才多艺，让你能够顺畅自然地和同伴聊起各种兴趣。

“混乱治疗”非常简单：有意打乱你规律的生活，参与一些你从未想过的活动。每月选一天去做一些与你的风格迥异的事情吧。你通常在周末打网球吗？那么本周末去远足吧！你经常去远足？那么这个周末去上网球课吧！喜欢玩保龄球？这次让你的好友自个玩吧，因为你要去急流漂筏。你原本计划去漂流？算了，还是去打保龄球吧！去看邮票展，去听国际象棋讲座，去坐热气球，去划船，去放风筝！为什么呢？因为这些都将会成为你的谈资。

“我们来谈谈潜水那些事”

6年前，我在百慕大看到一则广告：“潜水度假胜地，仅需25美元，无须潜水经验。”（正巧我没有潜水证）接下来的短短3个小时内，来自世界各地的潜水员们给我上了一堂最棒的潜水速成课。

我先在浅水里迅速地学了一些技巧。然后在氧气罐、调节器、浮力调制器和配重带的重压下努力保持直立，步伐沉重地向潜水船走去。我坐在摇摇晃晃的小艇上，犹如抚摸定心珠般抚弄着我的面镜和脚蹼，无意中听到了潜水员们之间非常内行的对话：

“你在哪儿获得潜水证书的？”

“你去过哪里潜水？”

“你喜欢沉船还是暗礁？”

“夜潜过没？”

“喜欢水下摄影吗？”

“有没试过电脑潜水？”

“你最长的潜水时间是多少？”

“有没有得过潜水夫病？”

这些都是潜水专业术语。现在对待“潜水”这个话题我不会没话讲了。直至今天，每当遇到潜水员，我都能提出适当的问题，并和他们讨论潜水，再也不会说些不合时宜的话了。现在，我可以问新朋友去过哪个潜水热点——科苏梅尔、开曼还是坎昆。如果我真想炫耀的话，我会问他们是否去过远东太平洋的特鲁克泻湖、澳大利亚的大堡礁还是红海。

体验“混乱疗法”之前，我把他们心爱的沉船和暗礁称为“残骸”和“珊瑚”。虽然是通俗易懂的词汇，却并非潜水的行话。以前遇见潜水爱好者，我可能会问：“潜水？那一定很有趣啊。那你不怕鲨鱼吗？”这对看到鲨鱼右鳍就想跑的潜水员来说真不是什么好问题。

想想看，假设在一个晚宴上，潜水突然成为餐桌上的话题。如果你也有过一次潜水的经历，那么你可以问问同席的潜水者是否喜欢夜潜，或者喜欢潜下去看到沉船还是暗礁。（如果你告诉他你曾潜过的最深水域是自家的浴缸，他绝对不会相信。）

技巧38　混乱疗法

每月一次，有意打乱你的生活，做一些你从未想过的事。参加一项体育运动，或是去看看展览，听听与你熟悉的领域完全无关的讲座，去经历完全陌生的体验。只要有一次不同的体验，你就能接触到80%的行话和业内知识。

接着，你转向坐在左边的蹦极者并问他："你比较喜欢胸腰跳还是脚踝跳？"如果交谈的内容又转变成网球、武术、下棋、硬币收集，甚至观鸟，你都有所涉猎，能够让话题继续下去，好家伙！真有你的！

39 开场白说几句行话

比聊兴趣更加危机四伏的是谈工作，或说“行话”。我仍然对那晚参加的聚会心有余悸，一对从事计算机数据库管理工作的夫妇让我深陷交际噩梦。我一进门就听到有个家伙在跟别人说：“域关系演算局限于安全表式，则相当于元组关系……”

那晚我周围充斥的尽是这种我听不明白的话。我明白想要融入这个圈子，我需要一些技术支持。当下我就决定学习一些从事数据库管理的经理人的开场白。而且我做到了。现在，我迫不及待想要再次站在那群人中间，因为我也会说“你使用哪种阵列模式？”“你使用哪款数据库产品？”这样的话了。

你所需要的是一些能帮你打入圈子的专业开场白。提出问题，倾听反应，并与他们简单地交谈一些他们的行业话题。然后记得尽快转变话题！千万别妄想假装你更熟悉他们的领域。

开场问题就要对路

网球手仅从你的开球就能立即判断出你有多厉害，和你对打会非常棒还是会烦透了？与人交流也是如此。别人仅从你的开场白就能得知和你聊天是趣味横生还是单调乏味。

假设我初次和某人聊天，而她脱口而出的第一句话是:“你是作家呀！什么时候能写出一部伟大的美国小说呢？”不用多说，我知道自己正在和一个不熟悉这个领域的人说话，我们会接着聊天，但我会迫不及待地想转换话题。

如果我的新朋友这么说:“哦，你是个作家，你写的是小说还是纪实作品？”现在我知道正在跟一个对自己所从事的领域有所了解的人聊天。毕竟这问题是作家们在一起时相互询问的第一个问题。我喜欢跟这样的人聊天，因为我相信她对文字世界有更深刻的洞察。即使我们很快就撇开写作这个话题，但在我看来她也是见多识广的。

每一份工作、每一项运动，甚至每一个兴趣都有他们惯用的开场白。

开头说句行话其实很简单。你不需要掌握专业术语，只需几句开场白能让你听起来像个业内人士就够了。

说点行话才像话

要说一个好的开场白并不难。比方说，你被邀请参加一个画廊的开幕典礼，在那里你将会遇见许多美术家。如果你对画画一无所知，查查你的关系网，看是否有一两个画家朋友。

总能找到一个和画画沾点边的朋友。你的朋友莎莉上过艺术学校，你就可以打电话问她:“莎莉，我已被邀请去一个聚会，在那儿我得和许多画家聊天。你能教给我一些好的问题吗？”莎莉可能会觉得你的问题有点奇怪，但你的努力最终会打动她。

也许她会说:“嗯，问问那些画家平时往颜料里掺什么溶剂。”

“溶剂？”你问。

“当然，”她会告诉你，“这是一种业内问法，看看他们用什么来

作画，丙烯酸树脂、油画颜料、木炭、钢笔等。”

“哦。”

“不要让画家描述他们的工作。”她警告说，“他们觉得那是一种无法形容的视觉艺术。”

“哦。”

“别问他们是否在画廊工作，这可能是一个伤疤。”

“哦？”

“相反，你要问‘在什么地方能看到你的作品？’因为他们即使没有画廊，也可以邀请你去他们的工作室看看，毕竟你还可能购买他们的作品呢。”

技巧39　学一点行话

大人物把行话作为第二语言。说“行话”会让你听起来像个内行。

怎么学“行话”呢？很简单，只要问问同行的朋友，向他们请教内行人才会问的开场白问题。你不必学得太多，但收获会非常大。

这就是你所需要准备的，两句很好的开场白。千万记住避免说些愚蠢的外行话。

假设，你提出了恰当的问题，开了个很棒的头，迅速地扣球，一击击中他们谈话的中心。令人高兴的是，他们以为是和一位高手在一起，他们回答了你的问题，然后，他们附上一点意见再把球发回你这

边的场地，这时候你得跟进问题。

怎么办呢？如果此刻你还不能脱下虚张声势的外衣，你必须掌握下一个技巧：“挑起别人感兴趣的话题。”

40 了解行业热点及行内问候语

我的朋友约翰是一名医师，刚娶了位漂亮的日本女人，叫雅美卡。约翰告诉我，他们第一次一起参加某个医生聚会时，雅美卡惊慌失措，虽然她努力想给大家留下好印象，但她和美国医生聊天时却显得紧张不安。约翰虽然是唯一一个她认识的美国医生，但他们谈恋爱期间并没有花大量时间讨论医药。

约翰告诉她，“雅美卡，别担心，他们都相互询问老掉牙的问题。碰到他们时，你只要问‘你是哪一科的？’和‘你隶属医院吗？’就够啦。”

“接着，进入更深入的交谈，”他继续说，“抛出像‘你和医院的关系怎么样？’或‘当前医疗环境对你有什么影响？’之类的问题。这是医生的热门话题，因为在医疗行业中，事事都在变。

雅美卡逐字逐句地念着台词，询问各个医生的专业，隶属机构以及和医院的关系。那晚她脱颖而出，成了聚会的焦点人物。后来，约翰的同事们都祝贺他找到一位迷人且有见地的女人。

抓住真正的热点

不只是医生，每个行业都有各自关注的热点话题。例如，独立书商

不断抱怨大型连锁超市正在冲击这个行业；会计师彻夜难眠担心承担审计失误的责任；而牙医对职业安全和健康署的规定敢怒不敢言；我们作家也一样，一直对杂志社不向我们支付电子版权的报酬而牢骚满腹。

假设某些倒霉的家伙正在参加一个作家的聚会，而跟习惯用文字交流的人聊天真的不是一件容易的事。但在聚会之前如果他给一位作家朋友打电话问过一些行业热点，那么整个晚上他都能跟那些舞文弄墨的人聊得火热。我把这个技巧叫作“挑起别人感兴趣的话题”。

技巧40　找到别人感兴趣的话题

盲目地混入一群装订商或牙医之前，先找出他们各自领域的热门话题。每一个行业都有外界并不了解的关注热点，向你的“线人”或网络请教，获取一些业界的关注点，然后利用这些线索让交谈气氛热烈起来。

回到你将要参加的艺术展，朋友莎莉已经给了你和艺术家交谈的两个最佳开场白。但在你真正领悟到交谈的焦点之前，你还不能挂电话。问问她如今艺术界的最热门话题，她可能会思考1分钟，然后说：“嗯，说来说去都是艺术品的价格。”

“艺术品的价格？”

“是的。”她说，“例如，20世纪80年代，艺术界极度以市场为导向，由于一些投资者和伪艺术追求者挥金如土，导致价格持续飞涨。我们认为，这种做法让艺术远离了群众。”

哇，现在你完全能够以假乱真地扮演圈内人，与艺术界人士攀谈了。

41 和各行业的人无所不谈

翻看报纸，你先翻阅国际新闻？时尚版？体育版？娱乐版？还是漫画？

无论你通常先翻阅哪个版面，从明天开始打住！转到其他任何版面，最好是你平时很少阅读的。这样的话，你会广泛熟悉其他领域，从而很快就能够与任何人讨论任何事情。

房地产版怎样？让你呵欠连天？也许你并不觉得房地产非常有趣。但是，迟早有一天你可能会和一群开口闭口房产交易和今日房产市场均价的人待在一起。每隔几个星期浏览一次房地产版块，会让你对他们的交谈了如指掌。

广告栏？也许你认为这世界要是没有麦迪逊大街，将会更加美好。如果你不和为你的公司产品做宣传的营销专家商讨相关事宜，你将无法实现盈利。只是瞥几眼广告新闻版，你很快就能侃侃而谈广告创意、印刷或电视节目。你不再说“点子”，而是说“创意”；你不再使用“客户”这个词，而是随意地引用销售终端这样的行话。

说话外行表明了你不是内行人，至少证明你不熟知内情。使用合适的词句能够创造交谈的奇迹。在迎宾队列里，每当乘客问我们干练的船长：“你第一次当船长是什么时候？”或“你的第一道命令是什么？”时，卡菲罗船长会热情地向那些聪明的询问者讲述他的海军经

历，即使因此挡住了整排等待进入舞厅的人。他们可能上星期才从报纸上的装运通知学会了船长（master）或命令（command）这两个词。（如果乘客只说："你做这行多久了？"或"你的第一艘船叫什么名字？"他们则会看到船长意大利绅士式的逐客表情。）

只需要阅读报纸的不同版面，就能和各行各业的人无所不谈，何乐而不为呢？

行业知识必不可少

如果你想了解更多的行话，可以尝试阅读一些行业杂志。这样你就能让交谈变得更加火热。所有行业都有一两本行业杂志，你会看到一些高大上的报刊，例如《汽车新闻》《餐饮业》《泳池温泉新闻》《卡车运输》，甚至养猪行业的《今日养猪业》，任何一本发行物都是他们行话的模板，翻阅之后你会了解该领域的热门话题。浏览有关跑步、健身、骑自行车、滑雪、游泳和冲浪等方面的杂志可以了解各种兴趣爱好。

几年前，我坚持每星期买一本不同类型的杂志，很快这个习惯给我带来了回报。一个潜在客户邀请我去她家吃晚饭，她有一个美丽的花园，多亏了《花卉和园艺杂志》，我才能够说出诸如桃金娘目、一年生植物和多年生植物之类的行话，甚至当讨论话题转向种子或鳞茎的培育优势时我也能滔滔不绝。

鉴于我对植物如此的"熟悉"，她邀请我去她的私人后花园看看。我一边同她散步，一边渐渐将话题从植物转移到工作，最后反倒是我主导了这场谈话。

技巧41　阅读各类资讯

你的下一个大客户喜欢打高尔夫、跑步、游泳、冲浪或滑雪？你正在出席一个满是会计师或禅宗佛教徒的社交场合？成千上万的杂志提供了各种各样丰富的资讯。读一读那些提供各个行业信息的报刊，这样和任何人在一起你都能抛出许许多多信息，让别人以为你是业内人士。

42 走哪儿说哪儿话

假设你正在国外出差，护照和常用语手册每个人都会记着带上。毕竟，谁也不愿意因为语言问题而在罗马街头找不到厕所或在吉隆坡买不到汽水。然而，我们大多数人往往忘记带上最重要的东西，一本各国风俗大全。

我的朋友杰拉尔丁（Geraldine）是一位演讲家，第一次去日本演讲，她感到非常兴奋。为了在飞往东京的长途旅程中比较舒适，她穿着牛仔裤和休闲夹克。长途航行抵达日本时，四个穿着无可挑剔的日本绅士在成田机场迎接她。他们面带微笑，鞠躬致意，向她递上名片。杰拉尔丁一手提着随身携带的包，一手接过他们的名片。向他们致谢后，草草地瞥了一眼名片，就塞进她牛仔裤的后袋。然后，她从钱包里拿出一张她的名片，这时她敏感地注意到一件事，读杰拉尔丁这个名字对他们可能有些困难，因此她在名片上自己名字的旁边写上了自己的昵称“杰里”（Geri）。先生们犹疑不定地接过她的名片，其中一人还翻来覆去检查了几次。

抵达酒店后，他们邀请杰里在大厅喝茶。这时，先生们递给她一份小礼物，她非常高兴收到礼物，在迫不及待地打开它之后用典型的杰里风格尖叫道：“噢，太漂亮了！”并轻轻地拥抱在座的每位男士。

一瞬间，四位日本绅士像连体四胞胎似的齐刷刷站起来，稍微鞠

了下躬，低声说：“再见。”就迅速离开了。可怜的杰里大吃一惊，她做错了什么？

所有都错了！首先，即使你刚踩自行车抵达亚洲，也不应当穿休闲装和牛仔裤去见客户。第二个错误是杰里对名片的粗鲁对待。在日本，名片是最重要的礼仪工具之一，通常都是双手恭敬地递出和接纳。（除了亚洲穆斯林地区，在那里左手被认为是不洁的。）第三个错误，杰里过快地把他们的名片收起来。在日本，名片是人们交谈的开端。你们要聊聊彼此的名片和工作，直到他们轻轻地恭敬地把你的名片收好，你再将对方的名片收起来。把名片塞进牛仔裤后袋也是一种极端的不敬。

她的同事比尔，一位经验丰富的商务旅客，帮她分析了第四个错误，比尔告诉她，在机场，先生们把她的名片翻来覆去看了好几遍是为了在另一面找到她的日文姓名、职务和公司。然而杰里名片的另一面却是空空如也。

第五点，在名片上随便涂写才是最糟糕的。在日本，名片虽然不是完全不可侵犯的，但一个人永远不能用凌乱的笔迹污损它们。

还有更糟糕的，不应该在客户面前打开礼物。因为在这片面子比里子重要的土地上，如果他们发现送出的礼物并没有想象中那么受欢迎的话，可是相当丢面子的。（哎呀，杰里甚至没有给他们准备礼物！）

第七点失态，杰里收到礼物时的小尖叫也是相当愚蠢的错误。在日本，级别越高，声调越低。然而把整件事砸得最严重的错误是给先生们那感谢的拥抱。在世界上的某些地方，拥抱是尊敬的行为，但在日本，眼神和身体的直接接触代表一种傲慢，这对一个新客户来说是绝对不能接受的。

不用说，杰里再也没有被邀请去过日本。不过，她在萨尔瓦多即将有一场演讲。这次她学聪明了，先研究了当地的风俗习惯。

世界各地的风俗习惯千差万别。每当在旅途中，我都得反复提醒自己才会意识到自己并不在美国。我喜欢穿着牛仔裤旅行，我是个不可救药的拥抱狂人，我会迫不及待地打开别人送给我的礼物。不过，每次出发前，我都会了解一下当地的风俗，看看究竟要把哪些习惯留在家里。

技巧 42　了解各国“风俗习惯”

在踏上国外陌生的土地之前，查阅一下世界各地的习惯和禁忌。在握手、送礼物、比画手势甚至恭维之前，先查清楚吧，失礼的后果可是很糟糕的。

有几本特别棒的介绍世界各国风俗习惯的书，我列在了参考文献里，你可以参考阅读。[17-19]

43 让商家不敢再唬你

千万不要低估人类的聪明才智。许多人把格言“在爱情和战争中可以不择手段”扩充成“在爱情、战争和获得自己想要东西时都可以不择手段”。为了能够在晚饭高峰时段在豪华餐厅订到位子，冒充名人订餐可以说是一种惯用伎俩。

曾经有一个女人假冒名人定位没有奏效，她沮丧地对餐厅领班喊道：“到底我应该是谁才能订到位？你们想要我是谁我就是谁，戈尔迪·霍恩、斯黛菲·格拉芙、弗吉，请直接告诉我。”一些人则会在最后一分钟尝试这个方法：在预订一空的情况下，径直走向餐厅领班，指着预订簿上随便一个名字说：“这就是我们。”

在爆满的酒店，你也会看到类似的诡计。几个月前，我正在登记入住一家很受欢迎的酒店，所幸我提前预订了房间。排在我前面的人大声地对前台工作人员嚷道：“什么意思，没有空房？我今晚一定要住在这家酒店！如果你们没有房间，我就睡在这地板上！”他发脾气也没起到什么作用。

“我警告你，”他继续说，“我是裸睡的！”然后，他得到了一个房间。

这些狡猾且幼稚的策略并不值得推荐。相反，我建议采用一个原则性更强的“虚张声势”交易技巧。

一天下午，保险经纪人卡尔森先生试图向我兜售一种房屋保险。我想要金额最小的险种。卡尔森机灵圆滑，他用通俗的语言耐心地向我解释他强力推荐给我的险种的好处。

正当他开始讲述战争和飓风之类的灾害时，他的电话响了。是他的一个同事打来的。突然，我眼前风云骤变。这位精于世故的推销员立即变成一个亲切可靠、热情直率的家伙，他跟老朋友聊着雨伞之类的事，我想他们正在讨论天气。

然后话题转到了飞蚊症，我猜测他们在讨论眼睛的问题。我花了一段时间才意识到，他们是在说保险中的伞覆式保单和债券发行人（floaters，也有飞蚊症的意思）。

几分钟后，卡尔森说："嗯，好的，再见，哥们，"并挂了电话。他清了清嗓子，再次变回中规中矩的销售代理，向一个天真的客户耐心地阐释损害赔偿与免赔情形。

坐在那里听着诸如债权转移与按比例分配责任之类晦涩难懂的话，我开始思考，"如果卡尔森的同事打电话来是想购买保险，他大概会获得一张更好更实惠的保单。"几乎所有行业的供应商都提供两种价格，一种针对业内人士，一种针对你和我。

在我要为此事恼怒之前，我想通了，这并非不公平。如果供应商不必花时间培训能够应付层出不穷的菜鸟问题的推销员，他当然有能力提供最好的价格。例如，龙卷风摧毁了你的房子，被认为是"不可抗力"，卡尔森不必花二十分钟向他的同事解释为什么这么定义。因此，如果是见多识广的客户购买产品，卖主很乐意降低至采购价交易。商家不用做什么工作就能赚到微薄利润，何乐而不为？

一点点的知识对你购买一些东西大有帮助。如果你看穿了你的房地产经纪人的盈亏底线，他就更容易给你更好的价格。如果你对餐饮供应商及汽车销售员用来维护利润的行内话驾轻就熟，对搬家公司和老千用来诈骗毫无戒心的顾客的技巧了如指掌，你对律师增加收费的方法有所警惕，总之，如果你知道内情，你不会被敲竹杠。你不需要了解很多，只要知道一些行话就足够了。专家认为，当你精通一些圈内的行业术语之后，你也就了解了商品的底价和最划算的交易。

我的朋友油漆匠伊奇说得真好："你要粉刷房子就必须知道如何与一个油漆匠沟通。嘿嘿，当然不是说我了，而是其他的油漆匠，这帮精明狡猾的家伙可都憋足了劲要跟你开个高价呢！我会告诉你怎么做，保证他们会毛骨悚然。他们会在心里嘀咕，'唉，这下碰上行家了，得，我还是直接干活吧！'"

"好吧，伊奇，该怎么做呢？"

他说："告诉那些家伙：'墙上不需要多大的准备工作，你不必花很多时间来刮腻子、抹平墙，这活儿三下五除二就能搞定。'"伊奇告诉我，这几句话便可以节省数百元。因为油漆匠马上知道你心里有数，而他最耗时的部分就是做看似大量的准备工作，那也是他最大的涨价项目。

"那么，"伊奇继续说，"当你告诉他们无须间色，你的价格又降低了一点；肯定地告诉他们不要有任何漏涂或涂刷不均时，他们会把活儿干得更仔细。"只是我很遗憾，不是所有领域都有一个伊奇给我讲解应对速成课。

边学边消费

寻找你的伊奇线人，可以帮你从别人那里获得最好的价格，做最实惠的交易。如果你有这一行业的朋友，从他那里学一些行话就可以了。如果没有，不要径直去找一家供应商，而是先拜访一下其他商家。与他们聊一聊，从每个人那里学会一点行话。

例如，你想购买钻石，先货比三家，这期间你可以与店员交朋友或者问一些关于钻石的愚蠢问题。你将了解到珠宝商说石头，不说钻石；说切平面，不说钻石顶部；说腰棱，不说最宽的部分；说尖底面，不说钻石底部。如果钻石看起来黄黄的，不要直接说钻石发黄，而说钻石等级是K—M级。如果你看到瑕疵，不说瑕疵，而说内含晶体或淤痕。如果你仍然不喜欢那些钻石，不要说“我希望看到更好的东西”，而要说“更纯”。当你学会了这些行话再去你想要消费的地方，你将因此获得最低的价格。

技巧43　交易的虚张声势

古代阿拉伯市场讨价还价的技巧对于当今世界的高价商品交易依然有效。如果你精通砍价之道，你就能以低价成交。

在进行大宗采购之前，先找来几家供应商，一家用来购买，其余用来学习。学会一些专业术语之后，就可以着手购买啦。

很快，你又会问毛皮商的皮草有没有“穿刀”和“拼皮”，搬家公司有没有跨州搬家许可证，律师助理和同事的时薪。然后，这些人就会像那油漆匠一样对自己说：“唉，这下碰上行家了。得，我还是直接干活吧！”

第五部分

让人觉得跟你是同类

观察周围的人，注意他们的言谈举止。看看他动作很小还是很大？是快还是慢？断断续续还是流畅自然？苍老？年轻？优雅？蹩脚？把你的交谈对象想象成你的舞蹈老师，看他是跳爵士舞还是芭蕾舞？观察他的身体语言，然后模仿他的动作。这样的话，你的交谈对象潜意识里会觉得和你在一起非常舒服。

物以类聚，人以群分。真正聪明的人一起工作，一起玩耍，一起进餐。这是否就意味着他们在一起舒适度会比较高？当然不是，这也取决于两个相处的人本身。本书的目的并不是要检验种族隔离的荒谬性，而是要千方百计确保别人在和你做生意或相处时，都感到非常融洽舒服。

实验已经证明，在生活中，人们最能接受那些和他们拥有相同价值观的人。

在一项研究中，研究人员首先对参与者的个性和信仰做了调查，然后让他们两人一组进行测试。[20] 测试之前，一半的搭档被告知他们的实验搭档跟自己有非常相似的信仰，而另外一半搭档则被通知，他们无论是性格还是信仰都完全不同。事实上研究人员是按相同的性格和信仰来对所有参与者进行分组的。

而后当询问他们喜欢对方的程度时，相信彼此是同类人的搭档比认为两人毫无共同点的搭档更加喜欢对方，这表明我们更倾向于接受和自己相似的人，更乐于同与自己价值观和人生信念相同的人交朋友。

问题来了，如何让目标人物产生相似感呢？为此我提供了以下 6

个技巧。随着你与客户、朋友和同事关系的日益密切，可以利用下面的技巧来加深与不同民族、不同背景的人之间的理解和共鸣，这些技巧也能打开他们内心可能会对你关闭的那道门。

44 让人感觉跟你是同一“阶层”

就像雀类的振翅速度比滑翔的老鹰快，不同背景的人拥有不同的想法。例如，西方人习惯于彼此之间保持距离，东方人则比较喜欢扎堆。亚裔美国人动作幅度适中，意大利裔美国人动作幅度偏大。

用茶点的时候，经过礼仪进修学校训练的人坐在沙发前端屈膝并优雅地倾身。女士们想要伸手端起杯子时，她们会一手拿着茶托，一手端着杯子，微微翘起兰花指。没有上过任何礼仪学校的人则会深陷沙发正中央，双手一起紧握茶杯。

这两种做法孰对孰错我们不去争论，但一流的沟通大师知道，无论是和优雅前倾、翘起兰花指的人，还是和陷入沙发中、双手紧握茶杯的人做生意，都应该尽量表现得跟他们一样。人们对言谈举止跟自己相似的人更有好感。

我的一个朋友杰妮，周游全美举办一个名为“如何嫁个有钱人”的趣味研讨会。有一次在拉斯维加斯赌场，电视记者问她能否区分伪富豪与真富豪。

“当然。”她答得相当肯定。

“好的，那么在这个房间内谁最有钱？”记者质疑。隔壁桌上坐着三个衣冠楚楚的男人，穿着剪裁得体的西服、手工衬衫，喝着苏格兰威士忌。记者想当然地以为杰妮会在这些候选人之中挑选一个。

相反，杰妮犹如敏锐的猎人，仔细地打量了房间的每个角落。然后她指着坐在角落里一个穿着破破烂烂的牛仔裤，留着长长的红指甲的家伙说："他非常富有。"

记者大吃一惊，问道："你怎么知道？"

"他的举止像家境富裕的人。"杰妮可以一眼看出角落里毫不起眼的家伙坐拥庞大资产，而这仅仅因为他的举止。

技巧44　成为模仿者

观察周围的人，注意他们的言谈举止。看看他动作很小还是很大？是快还是慢？断断续续还是流畅自然？苍老？年轻？优雅？蹩脚？

把你的交谈对象想象成你的舞蹈老师，看他是跳爵士舞还是芭蕾舞？观察他的身体语言，然后模仿他的动作。这样的话，你的交谈对象潜意识里会觉得和你在一起非常舒服。

让个性与产品相配

如果你是销售员，那么你不仅要复制客户的阶层，还要让你的产品也带着他们那个阶层的气息。我居住在纽约市的SOHO区，那是以糟糕混乱闻名的运河街上的几个街区。通常走过运河街时，我都是紧紧地抓住自己的钱包，在人来人往的拥挤嘈杂中不断闪避。假设有一天我经过一个扒手出身的推销员身边，他鬼鬼祟祟地朝周围看了看，在我面前亮出一张油腻腻的手帕，上面有一件珠宝："嘿，想买金项链

吗？”他紧张兮兮的小偷神情只会让他被捕。

想象一下，要是时尚昂贵的蒂凡尼珠宝店某位衣着得体的售货员鬼鬼祟祟地左右张望，说：“嘿，想买钻石吗？”那也绝对没有销路！

请让你的个性与你的产品相匹配。销售手工西装，请多多注意礼仪；销售牛仔裤，就表现得酷一点；销售运动服，就要活力四射。因此无论销售什么，记住，你的表现也是顾客购物体验的一部分。

45 使用“同一波段”语言

你是否曾经试过和一个刚认识的人一番闲聊之后，发现彼此十分投机，一见如故。这种瞬间温暖和亲近的感觉，情人之间叫“化学反应”，新朋友间叫“瞬间亲和力”，商人之间的叫法是“意见一致”。叫法虽然不同，却都是同样的感受。

孩提时代，我们比较容易交朋友。那时候我们认识的大多数小朋友都是在同一个地方长大的，所以我们趣味相投。日月如梭，长大后，距离、背景、经历、目标、生活方式都发生了变化。我们也脱离了彼此的轨道，不再如儿时般志同道合。

虽然没有魔法让我们随时与别人趣味相投，但这里有一种语言工具，能让我们高度融洽地和他人相处。我把这个技巧叫作“回声技巧”，下面会详细讲解。

我们开始渡过大洋

在欧洲许多国家都有5-10种方言，有的甚至更多。意大利南部西西里人讲的一种方言对意大利北部的人来说就晦涩难懂。有一次，在一家意大利餐馆里，我无意听到一个客人发现有个侍者和他一样都来自意大利东北部的一个小城。那位客人就像拥抱失散多年的兄弟一

样拥抱了那个侍者，然后他们就开始叽里呱啦地讲起方言。世界各地其实都一样，方言众多。说同样的话让人不自觉地有种亲切感。

我们常常发现家庭成员间的说话方式很相似，朋友之间倾向使用相同的词句，同事之间和俱乐部会员之间说话都很像。其实你遇到的每个人都有他自己区别于他人的语言。即使同样说英语，区域、行业，甚至家庭状况的不同，表现在语言上往往也有差别。

“我们在同一波段”的语言策略

如果你想让别人潜意识里觉得你和他是同类人，那么多和他们使用相同的语句。假设你要卖小汽车给一位年轻的妈妈，她因为有一个正在学步的孩子，所以对安全性有特别的考虑。当你向她介绍汽车的安全性能时，使用她的词汇。甚至不要说“儿童保护锁”，这是你的销售手册上的术语，试着告诉你的潜在顾客：“因为有一个司机控制装置，孩子不可能打开窗户。”甚至你可以说“宝宝保护锁”，当妈妈听到她的亲人们对孩子的称呼从你的嘴里说出，她会把你看成是家里人。留心听妈妈嘴里的词汇，甚至她说她们家的“熊孩子”，你都可以使用回声技巧回给她。

在晚会上使用回声

让我们假设你现在在一个晚会上，在那里你遇到了各路人物。你的第一个聊天对象是一位女律师，她说她的“职业”常常被人不理解。那么，当轮到你说话的时候，你也要说“职业”，而不是“工作”。如果你说“工作”，就是下意识地在你们两人中间放下了障碍。

下一位，你遇到的是一位建筑工人。他提到了他的“工作”，这时候如果你说“我的职业……”他一定会觉得你有点高高在上。

在律师之后，你可能会遇见三位自由职业者，他们是模特、职业演讲家和流行音乐歌手，这三个人会用不同的词汇提到他们的工作。模特会吹嘘说她的“档期”排得很满，演讲家会说自己的演讲“安排”不过来，而流行歌手会说：“我的‘演唱会’都排到了明年！”要记住他们如何谈论自己的工作确实不容易，所以，你得竖起耳朵，听到了就赶快回声过去。

还不止这些，别人谈到收藏、宠物等等你都可以使用回声技巧。如果人家很有兴致提到她们家狗狗的名字，你就不要再说“你们家的狗”，用她说到的名字！

不回声，有风险

有时候，你不使用回声技巧就会受到损失。有一次在聚会上，我和朋友菲尔正与几个客人聊天。一位女士得意扬扬地跟我们描述她那刚买的漂亮的滑雪“小别墅”，她憧憬着邀请朋友们到她山上的小别墅玩。

“那一定很棒。”菲尔暗自期待着获得邀请，“你的‘小木屋’在哪里？”啪！菲尔被那位女士邀请的机会成了泡影。

我实在受不了，聚会结束后我低声问我的朋友：“菲尔，你为什么侮辱那个女人呢，把她的小别墅叫作小木屋？”菲尔抓了抓头，不解地说：“你的意思是我侮辱了她？小木屋是多美的词汇啊！我家住在科德角一间小木屋，我从小到大都喜欢这个词以及它带给我的欢乐。”菲尔啊，“小木屋”这个词对你来说可能相当美好，但滑雪爱好者显然更喜欢滑雪“小别墅”这个词。

专业的回声

在当今的销售环境下，客户希望销售人员不只是供应商，还是问题解决者。他们认为如果你不说他们的语言，你就没有抓住他们行业的本质。

我有个销售办公家具的朋友，彭妮。她的客户群很广，从出版人、广告人、到律师和电台工作人员都是她的客户。彭妮销售手册中的用语是办公家具。但她告诉我，如果她对每个客户都用“办公室”这个词，那么他们就会觉得她对他们各自的行业一无所知。

她告诉我同样是办公室，广告代理商客户称作“机构”，出版客户叫“出版社”，律师们则称“事务所”，电台客户叫作“电台”。“嗯，”彭妮说，“他们是上帝，他们高兴叫它什么就叫什么。而且如果我想做成生意，最好也那么叫。”

技巧45　回声技巧

这个技巧虽然简单，却有着强大的效力。仔细倾听说话人的用词，不管是名词、动词、介词还是形容词，重复他说过的字眼。听到你跟他说一样的话，他立马就产生了一种认同感。他会感觉和你拥有相似的价值观、兴趣和经历。

回声是政治正确的保证

来个小测验：假设你正和一名药剂师聊天，你问她：“你在‘药店’工作多久了？”这个问题哪儿不对劲？

这个问题坏就坏在“药店”这个词用得不恰当。药剂师很反感这个词，它使人联想到许多行业问题。虽然他们总是听到外行人这么说，但他们宁愿你说药房。

任何行业的人都不会随便对某个词产生强烈的偏好。某些职业、少数民族和特殊兴趣群体往往都有不为公众所熟知的历史，当一个词包涵太多痛苦时，人们就会本能地创造另一个没有痛苦内涵的词。

我亲爱的朋友莱斯莉一直与轮椅为伴，她说，每当有人提到“残疾人”这个词，她都会感到尴尬。这让她觉得自己不完整。“我们更喜欢你们说‘残障人士’。”然后，她给了一个令人感动的解释，“我们残障人士与其他身体健全的人一样，我们也是有能力的人。我们和你们都背负着一样的行李过日子，只是我们多带了一件行李，残疾。”

简单重复别人的用词就能显示你的尊重并让他们想靠近你，它不但能让你成为更敏锐的沟通者，还能帮你摆脱困境。

46 要让别人真正明白你在说什么

最近，我要在一个公司会议上向15个男士做一个报告。“好吧，”当我站起来时，我对自己说，“15个火星人对1个金星人。”没问题！我读过《男人来自火星，女人来自金星》，研究过男人和女人大脑神经系统的差异，知道所有不同性别的身体语言信号，我还教授沟通技巧。我做好了跟这些男人交谈的准备。我自信，观点清晰明了，能够应付任何问题。

一开始进展顺利，我的发言简明扼要，有理有据，可谓完美无缺。然后，我坐下来满怀信心地邀请他们提问和公开讨论。

这时候，局面一下失控了。我只记得他们连珠炮似地发起了以橄榄球为比喻的问题强攻。

“你认为我们在这方面失球了？”一个男人问。

“是啊，”另一个回应，“但我们能掉球回抢吗？”

这两个我还大概明白是什么意思，但是当说到传攻和故意出界时，我投降了。当一个家伙激愤地大谈要赢得比赛就得万福玛丽传球（美式橄榄球比赛中的赌博性超长传球）时，我不得不问：“嗯，这是什么意思？”那帮家伙面面相觑，然后优越感十足地微笑着解释给我听。

那天晚上，我曾残忍地幻想16个人经营的公司，其中15个女人随意用生孩子来做比喻，那唯一一个男人一定会挠破头皮：

“不到妊娠晚期，我们不会拿到他的新提案。”客户主任说。

“是啊，但是都6个月过去了，看来我们得用剖腹产。”审计主任建议。

“何必呢？”营销副总裁说，“不管怎样，他的所有观点都是在体外试管中诞生的。”

“我都快要患产后抑郁症了，”首席执行官低声抱怨道。此时，孤独的男性雇员陷入了混乱，正像我面对橄榄球的比喻一样。

打住！这本书的目的不是助长邪恶的幻想，而是要改善沟通。为此，我提出比喻的技巧。

精确的比喻要一矢中的

如果你想唤起谈话对象对生活的联想，比喻会是一种有效的沟通工具。男士之间使用橄榄球做比喻可阐明情况，但就不要在女士面前使用了，那样只会让她们难以理解或带来混乱。毕竟通常男人看球多过看女人，所以运动方面的比喻能够让他们觉得更形象，更容易理解。

其他体育类的比喻也可以使用：当听到“我们采用这个解决方案，永远也不会三振出局”，大家都明白说话者的意思。对于一个棒球迷来说，如果使用以下比喻会更加形象：“接到高飞球”“滑垒”“丢出口水曲线球”。

你一定听说过“这种解释正中靶心”，我们也都明白是什么意思，但对于射箭爱好者来说这个措辞会给他更深刻的印象。如果你的听众是保龄球爱好者，“落沟球”或“技术球”会让你们谈论的话题更生动有趣。如果你的业务伙伴是篮球迷，诸如“勾手投篮”或“篮外空心球”之类的比喻将正中他们的篮筐。如果你的客户是摔跤爱好者，

那么“佯攻”和“脚勾”将会强烈地吸引他。

你也许会觉得这些比喻有些牵强，但如果它们能够清楚表达你的观点，并唤起谈话对象对自身生活的联想，它们就是强大的沟通工具。为什么不使用更有力的词语让你的观点得到认可，或者达成销售呢？我把这个技巧叫作“有效联想”。

技巧46　有效联想

你的客户对园艺感兴趣？你可以试着跟她说说“春华秋实”的比喻；你的上司有一艘船？那么和他说话用上“乘风破浪”和“水平如镜”这样的字眼；如果某人是一个私人飞行员？不妨和他讲讲某个事物将真正“起飞”；她打网球？那么不管告诉她什么事，最好用上“最佳击球点”这样的说法。

用听众感兴趣的话题或生活方式为材料来做比喻，会使你的观点更具“进攻性”。这种强有力的比喻实际上也在暗示听众：你和他们的想法一致，拥有共同的兴趣爱好。

47 积极表达共鸣

听别人说话的时候，我们常常说“嗯哼”或者只是从喉咙发出小声的“嗯”以让说话方知道我们在听。久而久之，这成了一个习惯，不管别人说什么，总有人不自觉地从喉咙里发出几声“嗯”。

只要我随便说点什么，我的朋友菲尔始终都会用无法自制的“嗯哼”回应我。有时，在他对我说的一些东西发出几声认同的“嗯哼”声之后，我忍不住想争辩几句，我会质问他：“菲尔，我刚才说什么了？”

“嗯，嗯，天啊……”菲尔懵了，这不是他的过错，他是个男人，男人更是心不在焉的“嗯哼”惯犯。有一次，我一个人在海阔天空地自说自话，而菲尔就一个劲儿地“嗯哼”，为了测试他到底听了没有，我突然插了一句：“嗯，今天下午我要去做个全身刺青。”

菲尔点点头，习惯性地“嗯哼”了一声。

虽然“嗯哼”比茫然地凝视好许多，但它从来不是一流沟通者的选择。接下来，试试用成熟的设身处地式的回答代替你的“嗯哼”。

什么是共鸣？

共鸣不同于“嗯哼”，它可以是完整的句子，例如“我能理解你

做的这个决定”或“这确实令人兴奋”，也可以是一句话的积极评论，如“是的，这是件光荣的事”或“你能那么想实在太棒了”。

当你不再像往常一样随意地嘟囔几声，而是用完整的句子来做出回应时，不仅显得你更善于表达，而且你的听众也会觉得你在认真听他们说话。

技巧47　共鸣

回应别人说的话时，不要不停地“嗯哼”，要说出完整的句子来告诉别人你真的听懂了。多说些“我明白你的意思”“这话一点也不错”之类的句子。你的共鸣会让对方对你印象深刻，好感大增；还会鼓励他们接着说下去。

48 和别人“感同身受”

大约10年前，我和一个叫布伦达的女孩成了室友。她是一个踢踏舞老师，但她跳踢踏舞并非只是为了谋生，她视踢踏舞为生命。她的墙上贴满了踢踏舞大师比尔·罗宾逊和查尔斯·科尔斯的海报。她在家里从来不走路，都是从一个房间踢踏到另一个房间。虽然吵点，但至少有人打电话找布伦达的时候，我能毫不费劲就找到她。

有一次，我问布伦达从什么时候开始对踢踏舞感兴趣的。她说：“从我第一次打开耳朵那一刻。”打开耳朵？好奇怪呀！大多数人会说：“从我睁开眼睛那一刻。”那时，我意识到布伦达更多的是通过她的耳朵而非眼睛来“看”世界。

我们都是通过看、听、摸、闻、尝五种感官来感知世界。对每个人来说，总有一个感官强于其他感官。对布伦达而言，就是她的听觉。

布伦达告诉我，她在纽约一间黑暗的地下公寓长大。还是婴儿时她就能听到床上方行人走路的啪嗒啪嗒声。

幼童时期，她的小耳朵就不停地受到汽车喇叭声、警报器的尖鸣声和轮胎链撞击结冰路面的啪啪声的狂轰滥炸。她至今清楚地记得窗外骑警的马蹄踩踏路面的哒哒声。她对外面世界的最初感知来自于她的耳朵，直到今天，声音仍旧占据她生活的主导地位。布伦达，踢踏

舞者，是个依赖听觉的人。

由于神经语言学家建议要唤起倾听者最强烈的感觉，我在布伦达身上试验了一些强调听觉的语句。我没有说“这看起来不错”，而说“这听起来不错”。我不说“我明白你的意思”，而说“我听到了”。我发现，使用了这些语句后，她会更加关注。

所以，为了找到每个朋友的最初感知是什么，我开始非常仔细地聆听他们的说话。有时我会听到这样的话：

“我看到了你的意思。”

“这看起来很好。”

“我想象不出那样子的自己。”

“我对那个主意的看法非常暗淡。”

“从我的角度……”

嗯，有点眉目了！

判断不总是很容易

但是，我也会听到同一个朋友说：

“是啊，我听到了。”

“当然，这听起来不错。”

“有个声音告诉我……”

这并不像我预期的那么容易。不过，我不打算放弃。

有一次，我和布伦达与几个朋友在滑雪后参加了一个聚会，我们的一位朋友说："滑雪斜坡太漂亮了，一切是那么晶莹洁白。"

"一个注重视觉的人？"我问自己。

另一位滑雪者补充说："新雪飘落到脸上的感觉也很棒。"

"啊，一个注重触觉的人，"我默默沉思。

果然，就在这时，布伦达说："今天好安静啊！唯一听到的声音就是冲下斜坡时，耳边呼呼的风声。"这场即兴进行的闲聊让我相信其中定有乾坤。

不过，我发现要辨别一个人的主要知觉还是没那么简单。

一个简单办法

下面要说的就是我找到的行之有效且不太费事的技巧，我把它叫作"恰当强调不同感官"，非常容易掌握。除非与你说话的人显而易见主要注重视觉或听觉，否则只要仿照他那一刻的模式回应，使你的情绪与别人当前讲话的情绪相匹配即可。

假设你的某个同事是这样描述财务计划的："有了这个计划，在接下来 6 个月内我们可以看清应该怎么做才能渡过难关。"这次她主要利用视觉引用，那么你可以说"我看到了你的意思"或"你对情况的了解就像有一张画在你眼前"。

如果你的同事说："这个计划听起来很不错，"你就得用听觉情绪代替，说些"这听起来不错"或者"我听到了"之类的话。

假设她说："我有一个直觉这个计划是可行的。"现在你给她一个感觉回应，如"我能理解你的感受"或"你对这个问题胸中有数"。

技巧48　恰当强调不同感官

交谈时，体会对方主要使用哪一种感官感受世界？视觉？听觉？还是触觉？

对于以视觉感官为主的人，说话的时候用上视觉的说法，让他们觉得你跟他们看世界的方式一样；而对以听觉感官为主的人，则要使用听觉的说法，让他们觉得你听得到他们响亮而清晰的声音；同样针对以触觉为主的人，多用些与触觉相关的词句，让他们觉得你跟他们感同身受。

使用“我们”，拉近距离

听听两个人怎么聊天，你就能看出来他们的关系怎样。你能感觉到他们是刚认识还是老朋友，还能分辨出一个男人和一个女人究竟是陌生人还是一对夫妇。

你甚至不需要听到他们互称“哥们”“老兄”或“伙计”，也不需要听到一个男人对一个女人耳语“亲爱的”或“宝贝”，不管他们在讨论什么问题，用什么语调说话，即便蒙住双眼，你也能感受到他们的关系怎样，因为我将要分享的这项技巧无须观察任何肢体语言。

随着一场精彩有趣的交谈逐渐展开，两个人之间的关系也越来越密切。下面是这段关系发展的轨迹：

等级 1：寒暄

说起来主要是两个陌生人来回折腾的陈词滥调。例如，谈到全世界普遍认可的乏味话题——天气，一个陌生人可能会对另一个陌生人说：“多么晴朗的天气啊。”或者，“伙计，下雨了吧？”这是等级 1，陈词滥调。

等级 2：聊事实

彼此认识但相交不深的人经常讨论一些实际情况。“乔，要知道，到现在为止，今年的晴朗天数是去年的 2 倍多。”或者，“嗯，最终我们决定跳进游泳池对抗这炎热的天气。”

等级 3：谈感受与私人问题

人们成了朋友之后，常常会向对方表达自己的感受，甚至是一些像天气一样沉闷的话题。“乔治，我喜欢阳光灿烂的日子。”他们也会聊聊对方的私事:“贝蒂，怎么回事？你一直都很开朗的啊？”

等级 4：提前说“我们”

现在，我们进展到最亲密的程度。这个等级的聊天内容不会拘泥于实际情况，又比谈感情更融洽。讨论天气的朋友们可能会说，“如果天气一直这么好，这个夏天就太棒了。”情人可能会说，“我希望天气一直这么好，这样我们去旅行就能够游泳了。”

实现口头亲密的技巧只需提早说出“我们”这个词。你可以用它来使现在客户、潜在客户、陌生人觉得你们已经是朋友了，使用它来使潜在恋人觉得你们两个已经是情侣了。我把这个技巧叫作“早熟的我们”。在闲聊中，只需抄近路越过等级 1 和等级 2 直接跳到等级 3 和等级 4。

按照你平时询问朋友的方式问问你的谈话对象对某些事情的感受。(“乔治，你觉得新上任的州长如何？”) 然后当讨论到可能影响到你们两个的任何事情时使用代词“我们”。(“你认为在他的任期

内我们州会繁荣吗？”）要坚决复制人们本能地用于朋友、恋人和至交密友间的我们句子。（“我想这个州长当政期间我们还是能活下来的。”）

我们这个词能拉近人与人的距离，它使听者感觉你们关系紧密，让人潜意识里觉得“我和你一起对抗这个冰冷的世界”。如果你提早说我们，即便是对陌生人这么说，潜意识也会使他觉得和你更加靠近。某次聚会，在自助餐桌前，你可能会对站在后面的某个人说：“嘿，这个看上去很不错！他们为我们安排了一张不错的桌子。”或者，“噢，我们要是放开肚皮吃，估计又要发胖了。”

技巧49 魔力词语“我们”

即使和别人刚刚认识，你也可以营造亲密气氛。使用魔力词语“我们”，可以让你越过交谈等级1和2，直接切中等级3和4。学会使用“我们”这个词语，迅速营造亲密关系。

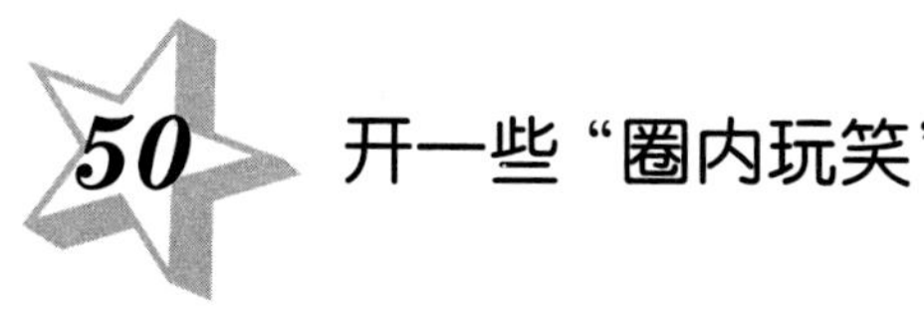

50 开一些"圈内玩笑"

恋人之间的耳语除了对他们自己，对其他任何人都毫无意义；聊天时朋友们说到几句话突然大笑起来，这些对于无意间听到的任何人来说却可能是晦涩难懂的话语。

我曾经工作过的一家公司在十年间经历了企业再造、权力下放、全员质量管理和团队建设等一系列大事件。在公司聚会上，当说到以团队建设的名义一起爬上一根29英尺长的杆子，整间公司，上至管理层下至邮件收发员，必定突然大笑起来。因为该公司CEO在一次团队建设中从杆上摔了下来，还弄伤了大脚趾。在之后的周会上，该CEO挥舞着拐杖，尖刻地宣布："再也没有团队活动！"从此，团队建设消亡了，一个专属笑话诞生了。

公司文化的成长就出于这样的共同经历。员工们有自己的历史和语言。直至今天，当他们想要突然终结任何计划，都会说"让我们对它晃一晃拐杖吧"，或是"让我们的CEO从杆子上滑下来吧"。说这些话，他们都会笑起来，但除了公司员工，没有人明白这是怎么回事儿。

剧作家尼尔·西蒙有时仅用一个词就可以使全场百老汇观众知道舞台上表演的两个人是夫妻还是老朋友。男演员仅仅对女演员说上几句观众觉得莫名其妙的话，然后俩人哈哈大笑起来，此时每个观众都已明白：这两个人是情侣。

每次我和我的朋友达里尔见面，我们都不说“你好”，而说“嘎嘎”。为什么？我们是在5年前的一个聚会上认识的。第一次聊天时，达里尔告诉我，他是在养鸭场长大的。我告诉他自己从未去过养鸭场，他便扮演了鸭子，那是我见过最棒的鸭子模仿。他一边摇头晃脑一边对我眨眼，这个过程中他始终挥舞着手臂嘎嘎叫。我被他的表演逗乐了，于是请他继续表演。他的模仿极具感染力，最终我们一起满屋子摇摇摆摆地挥动手臂，嘎嘎地叫。那晚，我们让自己成了彻头彻尾的傻瓜。

第二天，我的电话响了。我听到的不是“你好，我是达里尔”，而仅是几声“嘎嘎”的叫声，我敢肯定，这正是我们友谊的开始。直至今天，每一次在电话里听到他的“嘎嘎”声，我还是会觉得开心至极，即便那是带着一点点尴尬的回忆。无论我们多久没有联系，那“嘎嘎”的叫声总能一下子就让我们回忆起往事。

技巧50　共同的回忆

当你想和一个陌生的朋友增进友谊时，试着回想你们初遇时的情景。然后挑一些话题用以唤起你们曾经的欢声笑语和亲切感。这样的话，你们就像老朋友一样拥有了一段共同的回忆。

如果想要某人成为你未来生活或工作中的一部分，那么寻找在一起的特殊时刻，不断地重复。

第六部分

高明地赞美他人

一个人无意中听到别人对自己的称赞比当面听到更兴奋。称赞别人的一种极为有效的方式不是通过电话或电报，而是告诉他的朋友。这样，别人非但不会怀疑你是在谄媚，还会高兴地幻想，你会告诉全世界他有多优秀。

孩子们擅于索取他们想要的东西，他们会坐在爸爸膝上撒娇说："爸爸，你最胖（棒）了！我知道你会给我买新娃娃的。"也会在超市里对妈妈说："妈妈，我爱你。你是世界上最最好的妈妈。我知道你会给我买巧克力曲奇。"

饥饿的婴儿一见到妈妈靠近婴儿床就本能地咿咿呀呀，汽车推销员一见到有顾客走进展厅就下意识地说些赞美之词。不难发现，当人们想要得到什么东西时，总会自然而然地说出一堆恭维称赞的话。在所有促成"心想事成"的技巧中，被极力吹捧且应用最广泛的就是赞美。戴尔·卡耐基说："一切从赞美开始。"无数读者将此话铭记在心。

如果只是向父母索要玩具和零食那么简单的话，赞美可能有效。但自戴尔·卡耐基的时代至今，商业世界已发生了巨大变化。如今，并不是每个笑眯眯说着奉承话的人都能通过赞美别人得到自己想要的东西。

拙劣的赞美让人不爽

赞美别人，微笑着等待对方感觉温暖，你可能要等很久。

如果别人对你的赞美有一丝怀疑，怀疑你有私心，那就会带来相

反的效果。如果你的赞美是虚伪或拙劣的，就可能会丧失被信任的机会。然而，经过练习的赞美就不同了，如果做得好的话，还能够立即提升关系，做成生意，赢得新朋友……

使人愉悦的赞美和拙劣的奉承之间有什么区别呢？细微的区别受诸多因素的影响，包括你的诚意、时机、动机和措辞，也牵涉到对方的自我形象、专业职务、接受赞美的经验以及对你的感觉力量的判断。这还关系到你们之间的关系以及你们认识多久。

是不是难以置信？社会学家的研究表明：比起认识已久的朋友，刚认识的人赞美的话更有说服力；赞美没有吸引力的人或未曾谋面的人更具可信度；如果你的发言以谦逊的话开头，你会受到更认真的对待，但前提是听众认为你的地位较高。如果你地位比较低，谦逊的言语反倒会降低你的可信度。赞美这玩意儿还是相当复杂的。

下述这 9 条符合社会学家研究结果的所有标准，是 9 个称赞别人的有效途径。

51 让你的赞美与阿谀奉承无关

面对面称赞别人是有风险的，如果他不信任你，会认为你厚颜无耻、阿谀奉承、卑躬屈膝只为实现你贪婪的目的。

如果你突然狠狠地称赞了你的老板、客户或爱人，对方很可能会认为你是马屁精，还有可能会认为你是由于做错事而感到内疚。称赞他人反被误解确实令人难过，那有没有办法让他人感受到你真诚的赞誉呢？

其实，你只要通过一些小道消息就能实现。自卡茨基尔的漫画家坚持传播消息的最佳途径是“电话、电报和告诉女人”的时代开始，我们已经知道小道消息是一个值得信赖的沟通手段。然而小道消息往往被认为与坏事有关。但小道消息不只是充斥着流言蜚语和冷嘲热讽，也可以带来温馨的鼓励和热情洋溢的好消息。事实上，这不是一个新发现。早在1732年，著名的英国作家托马斯·富勒就曾说过：“他是我的朋友，他在我背后说我好话。”相比当面奉承我们的人，我们更乐于相信那些在我们背后说我们好的人。

无风险赞美（背后的赞美）

不要直接告诉别人你对她有多欣赏，而是要把你的赞赏告诉跟她

亲近的人。假设你想要赢取简·史密斯的青睐。不要直接赞美简，而是应该跑去跟她的密友黛安娜·多伊说："简真的是一个非常有活力的女人。她前几天在会议上的发言实在太精彩了。我认为总有一天她一定能独立运营这家公司。"我敢打赌十有八九在24小时内你所说的话就会传到简耳朵里。黛安娜会告诉她的朋友简："你应当听听，那天谁说你什么什么。"

技巧51　通过小道消息称赞他人

一个人无意中听到别人对自己的称赞比当面听到更兴奋。称赞别人的一种极为有效的方式不是通过电话或电报，而是告诉他的朋友。这样，别人非但不会怀疑你是在谄媚，还会高兴地幻想，你会告诉全世界他有多优秀。

52 做一只传递好消息的“信鸽”

信鸽有着漫长而英勇的历史。它们是无畏的有翼使者，在炮火中传送信息。一只叫艾米的顽强的小鸟，因在阿贡战役（第一次世界大战中的著名战役，这次战役促使德国最终放弃了抵抗并签订了停战书。——译者注）中挽救了两百条生命而被人铭记。这只勇敢的小鸟在只剩一条腿，一边翅膀中枪的情况下，只用它的韧带摇摇晃晃地携带着它的使命及时抵达目的地——这只被鲜血染红的小毛球带来了德国人将要轰炸这座城市的警告。

除了传递情报，还有许多勇敢的鸟儿给世界各地的赛鸽爱好者传递着欢乐的消息。受此启发，我总结出了“做传递称赞的信鸽”这一技巧。

听到一人称赞另一人时，不要让美誉到此为止，要推而广之。你不需要写下来，你可以记住那些赞扬的话，口头说给那个被称赞的人听，他将会因此感受到最大的快乐。

竖起耳朵倾听别人之间的相互称赞。如果你的同事卡尔说起另一位同事山姆的好话，传递下去。“山姆，你知道吗？前几天卡尔说了你许多好话。”

你的姐姐跟你说表哥是一个极好的亲戚，赶紧把这话告诉你的表哥吧！

你妈妈告诉你她觉得曼尼把草坪修剪得不错，记得向他转述。我们都喜欢赞赏，不是吗？甚至是来自自己妈妈的表扬。

传递称赞也会给你带来好处，大家都喜欢传递喜讯的人。当你给某人带来别人的称赞时，他们也一样会感激你。

技巧52　做传递称赞的信鸽

通常一旦有什么坏消息，人们会立即四处散播，很快便闹得街知巷闻（这就是所谓的八卦）。而你要反其道而行之，你要成为好消息和赞誉的传递者。每当你听到一些称赞别人的话，记得赶快告诉他们。

比赞美更有效的是带给他更多东西

赢得朋友、获得人心的另一种方法是成为对方可能感兴趣的新闻资讯传递者。把他们可能感兴趣的资讯通过打电话、邮件等方式告诉他们。如果你的朋友内德是北卡罗来纳州的一位家具设计师，而你在《洛杉矶时报》上看到一篇关于家具潮流的文章，那么传真给他；如果你的客户萨莉是西雅图的一位雕刻家，而你在某人纽约的家里看到她的作品，那么发封邮件告诉她。

我的朋友丹住在旧金山，他在报纸上偶尔发现任何关于沟通交流的文章，都会剪下来寄给我。他也没有什么特别说明，只是在角落里写着“仅供参考，祝好，丹”。他就像是我私人的西海岸剪报公司。

53 使用暗示称赞法

当你称赞他人时，请不要赤裸裸地一个劲儿恭维，只要暗示对方一些出色的地方就足以让他们心花怒放。

几个月前，我拜访了许久未见的老友丹佛，他去接我时说："你好，莉尔，最近怎么样啊？"然后，他停顿了一下，看了我一眼说："你看起来很不错。"哇，我觉得好棒。他暗示我看起来很好，这让我整个晚上都很开心。

但是那天晚上，我走进旅馆的电梯，到三楼时，一名维修工走了进来。他冲我笑了笑，我也对他微笑。他看着我说："天哪，小姐，你是一个模特吧？（当时我觉得超级开心！）那你年轻的时候呢？"

崩溃！他为什么要多说一句呢？我喜欢他说的前半句，但他第二句却在暗示我现在是一个老太太！就因为这句话，第二天我都没什么好心情。他无意的行为却毁了我的一个周末。说实话，我现在还对这句话耿耿于怀呢。

你必须谨防无意之间做出的一些糟糕暗示。如果你去到一个新地方，在街上拦住某个人问："对不起，请问附近有没有什么高级餐厅？"这其实也是在暗示路人是个有品位的人。但如果你对着他问："嘿，这个镇上有没有洗脚城？"你的暗示就完全不同了。因此，你要努力寻找一种能暗示他人品质的称赞方式。

技巧53　暗示的妙处

在交谈时说上几句暗示对方优点的话，但别像那个善意的维修工一样搞砸。也别像舞会上为了讨好女伴的男生一样说出这样的话：“哎呀，玛丽，你虽然是一个胖妞，但跳得实在太棒了！”

54 成为“随机称赞者”

有一次在一个小型宴会上，大家的话题突然转向太空旅行。坐在我右边那位先生说：“莉尔，你太年轻了，肯定记不得阿波罗 11 号登上月球的事儿……”

我不记得这家伙接下来都讲了什么，只记得我看见餐厅镜子里年轻的自己在微笑。和其他人一样，我当然也记得 1969 年 7 月那个不寻常的日子，我还记得当时我是目不转睛地盯着电视的。不过，在那个晚宴上，我压根不关心他们谈论的月球旅行，我忙着陶醉在那个可爱的男人认为我很年轻这个事实中。我认为他只是不经意地表达了他认为我很青春的想法，那么我相信他内心必然也是真诚地这么想的。

虽然现在回想起来，他极有可能早就知道我老得足以记得登月事件，而且我敢打赌，他使用了“随机称赞”这个技巧。但其他都不重要，重要的是他带给我的美好回忆我现在都还记得。

试一下你就会喜欢它，大家都会爱上它

尝试一下“随机称赞”吧，你将会看到对方灿烂的笑脸。告诉你 65 岁的叔叔：“您真是老当益壮，爬那么多台阶还面不改色，我已经气喘吁吁了。”告诉同事：“你在合同法方面知识渊博，能够领悟到法律

的真谛，但我太笨了，我投降。”

当然，这也是一个险招，对方可能会因为你的称赞而非常高兴，以至于忽视了你的主题。

技巧54　随机称赞

要想不露痕迹地称赞别人，只要说话的时候稍微带上一两句赞美的话也就足够了。喜悦能让人暂时晕眩，所以称赞之后说过的话，别指望对方听得到。

55 运用有杀伤力的赞美

几年前的一个晚上，当时我和室友克里斯蒂娜刚刚参加完一个节日派对。脱大衣的时候，我看到她在痴痴地傻笑着。

“克里斯蒂娜，你没事吧？”我问她。

“噢，没事。”她低哼着，“我要和那个男人约会了。”

“男人？哪个男人？”

她带着责怪的口气说：“就是那个说我牙齿漂亮的男人。”

那天晚上，我经过浴室门口的时候，看到克里斯蒂娜正露着牙齿对着镜子笑。她从左到右，从上到下，仔仔细细地刷着每一颗牙齿。然后盯着镜子，欣赏着她那被爱慕者称赞的漂亮牙齿。我才意识到那家伙给了克里斯蒂娜一个非比寻常的称赞，还给她留下了极好的印象。于是“有杀伤力的赞美”这一技巧诞生了。

要称赞得有杀伤力，具体来讲就是在别人身上找到一些他特有的品性，进行称赞。不是“我喜欢你的领带”这种个性化不足的赞美，也不是泛泛地赞美“你人不错”。“有杀伤力的赞美”更应该像“你的眼睛好美”“你是个正直的人”这种具体或有个性的话语。

立马学会说“有杀伤力的赞美”是非常困难的，为了帮助参加研讨会的人员完成这个目标，我在计划进行到一半时，要求他们闭上双眼，回忆研讨会上自己的搭档。然后问他们：“现在，回想一个他身上有吸引力的身体素质或人格特质，当然要是特别的，而非人人都看得出来的。”我提醒道，“也许他的笑容非常可爱，双眸闪闪发亮，也许他浑身上下都散发着平静或值得信赖的气质。找到特别之处了吗？”

然后我告诉他们：“现在去找你的搭档，告诉他你眼里他的美好特质。”“什么？告诉他们？”这个想法让他们目瞪口呆。但是最终他们还是勇敢使用了“有杀伤力的赞美”，称赞了自己的搭档。当人们听到陌生人说他们拥有美丽的双手或摄人心魄的棕色眼睛时，房间内瞬间充满了愉快的气氛，每个角落都时不时地爆发出笑声。他们因为开心激动而涨红了笑脸。其实，大家都喜欢听到“有杀伤力的赞美”，友好的情谊也随着赞美在传递。

技巧55　有杀伤力的赞美

如果你的一个新朋友很有可能在你的事业上和未来扮演重要角色，试着找到他身上一个吸引人、具体且独特的品质。结束交谈时，直视对方的眼睛，叫他的名字，然后再说上几句有杀伤力的赞美吧。

有杀伤力赞美使用者手册

这个技巧，如果使用不当的话，可能会适得其反。以下是与这个强大技巧配合的使用手册：

规则 1. 私下对他人使用。如果四五个人在一起，你称赞其中一个女人身材好，那么其他女人会觉得自己非常胖。如果说其中一个男人

的车不错，那么其他男人会觉得自己的车很差，被称赞的那个人也会觉得尴尬和不舒服。

规则 2. 让你“有杀伤力的赞美”听起来真实可信。要是有人明知我五音不全，连“生日快乐”这么简单的歌都唱得像一只病猫，你还愚蠢地说喜欢听我唱歌，那我肯定觉得你的话不可信。

规则 3. 对任何人使用该技巧，每半年只能用一次。否则他们会认为你一点也不冷静沉稳，认为你没有诚意，喜欢曲意逢迎。

56 不要吝啬小小赞许

如果说对新朋友所用的“有杀伤力的赞美”是大型器械，那么针对我们所爱的人，“小赞许”则是随时都能“击中”他们的小手枪。“小赞许”是指在闲聊中不知不觉插入的一些非常简短的称赞。你可以在办公室与同事的聊天中自由使用“小赞许”：

“干得好，约翰。”

“真不错，西蒙。”

“嗨，真不赖，比利。”

我有一个朋友就经常使用一些可爱的“小赞许”，一旦我做了什么让他喜欢的事情，他都会说：“莉尔，还不错哦。”

日常生活中，“小赞许”也可以常常用在你所爱的人身上。如果你的爱人刚刚煮了一顿丰盛的晚餐，小小夸赞一下他：“哇，你简直是城里最棒的厨师。”一起外出之前，也可以告诉他：“亲爱的，你看起来棒极了。”长途行驶之后关心地问一句：“你真行！一定很累吧。”对孩子也可以常说：“嘿，儿子，房间整理得不错哟。”

我在《读者文摘》上读过一篇感人至深的文章，里面讲述了一个顽皮捣蛋的小女孩，她的母亲不断训斥她。但是有一天，小女孩出奇地乖，没有做任何捣蛋的事。这位母亲说：“那天晚上，我哄她入睡后，正往楼下走，就听到她房里传来沉闷的声音，跑回去一看，她正把头埋在枕头里抽泣，呜咽着问我：‘妈妈，今天我也不是好姑娘吗？’”

那位母亲说，这个问题像刀子一样刺痛了她的心：“当她犯错的时候，我一直都在迅速地纠正她；而当她试图表现得乖巧时，我却没有任何赞赏就打发她睡觉了。”

成年人都是长大了的小孩子。如果生活中没有人注意到我们的好，我们可能不会像孩子在床上哭泣，但是总有一些郁闷的情绪挥之不去。

技巧56　小赞许

不要让同事、朋友、爱人静静看着你无言地问：“我今天表现得好吗？”主动地多说些像“干得好”“做得不错”之类的口头“小赞许”，让他们感受到你的鼓励和赞赏。

小事情有大意味

小赞许确实很小，甚至不值得提起。但每一位女性都知道，小赞许的意味并不小。我曾经听说过这样一首古老的歌谣，虽然也有人可能不同意：

穿过房间的时候给我一个吻。

当我状态不佳时对我说我看起来很好。

从我椅子旁走过摸一下我的头发。

小事情有大意味。

偷偷给我一个温暖的微笑，

告诉你没有忘记我。

不管一直如此还是偶一为之，

从现在到永远，小事情都有大意味。

57 拿捏赞美的最佳时间

我永远都不会忘记我的第一次午餐会演讲，那可是在一群陌生人面前演讲的啊。我还事先对着床上的毛绒公仔和室友克里斯蒂娜练习过多次，但等我真正在观众面前亮相，看着 17 个笑眯眯的扶轮社员（1905 年成立，以“服务的理想”“促进国际了解、善意与和平”为宗旨的国际性社团。——译者注）期待着我幽默睿智的发言时，我有点站立不稳，舌头像粉笔灰一样干燥，手里像握着条鱼般湿滑。那 17 个观众在我看来更像是 17 000 个等待判处我永恒耻辱的法官。最后我惊慌失措地瞥了一眼带我来俱乐部的克里斯蒂娜，然后开始了我的演讲:“下午好，我非常高兴……”

30 分钟后，大厅内响起了热烈的掌声，但我担心大家只是出于礼貌而鼓掌。当我穿着被汗水浸透了的衣服回到克里斯蒂娜身边时，我期待地看着她，她却笑着说:“来，尝一口，这道甜品不错。”

“甜品！什么跟什么呀，克里斯蒂娜，我到底表现得怎么样？”我在心中对她尖叫。几分钟后，她才告诉我，她认为所有人都超级喜欢我的发言。不过，为时已晚。渴望赞美的关键时刻已经过去了。

就像打嗝憋不住，赞美必须立刻就做出

当医生用讨厌的小橡皮锤敲击你的膝盖时，你的腿会立即反射性地跳起。而当别人大获成功时，你也必须反射性地赞一句："哇，你太棒了！"

假如别人刚刚谈成了一笔交易，烹饪了一只美味的感恩节火鸡，或在生日聚会上独唱了一支歌曲。无论他们的成绩是否微不足道，你都应该立刻称赞，别等 10 分钟，两分钟后都不行！其实，当别人完成任何事时，他们希望听到的只是一声："哇！你好棒！"

技巧 57　反射式赞美

赞美很像眨眼，每当别人完成一项壮举时，你必须反射般地称赞他们，说句"你太棒了！"别担心别人不相信你。短暂的兴奋已经让他们瞬间失去了判断能力。

但如果他们真的出丑了？

但是如果别人表现得不好呢？难道要说谎？当然。而且这种谎言会被大家接受。此时比起面对真相，体贴地照顾他人内心的不安则更有意义。而且就算这些人回过神来，怀疑自己搞砸了也没事，他回忆起来还是会感激你的体贴，原谅你的爱心谎言。

58 回应那些称赞你的人

我们大多数人都有一个弱点：我们不知道如何回应别人对我们的称赞。假如有人称赞你，而你给他的反应是笨拙的局促不安，那么你不知不觉地进入了一个恶性循环：

他（笑）："对了，你穿的这件衣服很不错。"

她（皱眉）："是吗，随便穿穿而已。"

他（思考）："哎呀，她似乎并不喜欢听到这些，她可能觉得我对这件衣服的评价糟透了。我最好还是保持沉默吧。"

三个星期后……

她（生气地想）："他再也没有给过我任何赞美，真是个没教养的人！"

他（沮丧地想）："她怎么了？"

"女孩子不喜欢被称赞?!"

几个月前，在我组织的一个有关"赞美"的小组研讨会上，有人坚持认为，"女孩不喜欢被称赞。"

"女孩不喜欢什么？"我不敢相信地反问他。

他解释说："我曾经对一个女人说她眼睛很漂亮，结果她说，'你净睁眼说瞎话。'”那个可怜的家伙由于女人的反应而受伤，从此提心吊胆满腹狐疑，至今也没有再赞美过女性。对渴望得到赞美的女性来说多了份遗憾，对他自己而言他的社交技巧也因此显得无力。

许多人在被称赞后，只是腼腆地说一句“谢谢你！”更糟的是有些人还不赞同别人的赞美：“那不见得吧，但不论怎样还是谢谢你。”更有些人则只是轻描淡写地说一句：“只是运气罢了”。这样的反应对称赞你的人来说是极其不公平的，甚至从某种程度来说你还质疑了善意的人的感受能力。

“你真好啊”

让我们看看法国人普遍使用的一个短语，当他们被称赞时总会说：“Vous êtes gentil。”大意是：“你真好啊。”

如果你觉得“你真好啊”，听起来矫揉造作，那么我们可以采用“回旋飞镖”的技巧来达到法国人的优雅情境。

当你用力掷出回旋飞镖后，它会在半空中来个180°转弯，最后又飞回到你脚下。同样，当别人称赞你时，你要把好心情飞回给称赞者，要让他们知道你的感激，并换个方式称赞一下他们。

例如，她可能说：“我喜欢你这双鞋。”你可以说：“是吗，很开心你这么说，我刚买的。”

或者他说：“这个项目你做得太好了。”你可以回答一句：“你能这么说真是太好了！我很感激你的积极反馈。”

就算别人问起你的家庭、工作、活动，或是在其他事情上显示出对你的兴趣的话，你同样可以把好心情掷回给他们。

也许你的同事会问：“你的夏威夷假期过得怎样啊？”你就可以回应一句：“哇，你还记得我去夏威夷了！那儿实在太棒了，谢谢！”

你的老板要是问道:“你的感冒好了吗?”你就能这样回答:“谢谢你的关心,我现在觉得好多了。”

不管什么时候,有人用赞美或关心给你了一点小光芒,记得一定要回应他一个小小的发光体。

技巧58 回旋飞镖

就像回旋飞镖会飞回投掷者身边一样,赞美的话也应该回到赞美的人身上,记得赞美那些称赞你的人。

可以向法国人学学,说些“你真好”这样的话。

顺便提一句,在那次研讨会上,我决定为女士们做点好事,让男士们坦诚地称赞她们。我要求那个坚持认为女人讨厌赞美的家伙给予坐在他旁边的三个女人最真诚的赞美。他选择了一位有一头美丽银发的女人、一位双手如钢琴家的女人,以及一位有着深蓝色眼眸的女人,并如实地做了一番赞美。那晚三名女子离开时,对他的感觉比刚进门时好了一些。我相信他能用一种赞美态度来对待今后他生命中遇到的所有女人。

59 赞美爱人、朋友要击中靶心

小时候，每当被问及梦想，总有人会说想做芭蕾舞演员、消防员、护士、牛仔，或是电影明星。虽然现实中我们大多数人成了屠夫、面包师或蜡烛制造商，但至少我们曾拥有自己独特的梦想。

尽管大多数人都没有实现童年的梦想，但我们内心深处还是觉得自己非常特别。我们对自己说："也许世人没有注意到我是多么优秀、多么出色、多么富有创造力。但是，那些真正了解我和爱我的人一定能觉察出我与众不同的魅力。"遇到那些真正懂得欣赏我们的人时，我们就会随即陶醉在他们的赞赏中不能自拔。

赞美朋友、爱人的技巧与恭维陌生人不大一样。称赞朋友、伴侣或同事时不妨试试以下方式，做个"墓碑游戏"：

第一步：和朋友、爱人或生意伙伴聊天的某个安静时刻，告诉她前几天你读了一些有关墓碑的东西："就是人们幻想自己死后墓碑上会刻些什么。"每个人都希望墓碑上会刻着他们人生中最值得自豪的东西。然后你可以接着说，"每个人都有不同的自我形象，引以为傲的事也各不相同，例如：

约翰·多伊，他是一位杰出的科学家；

黛安娜·史密斯，她是个有爱心的女人；

比利·巴克斯，他幽默有趣；

简·威尔逊，她总是在传递欢乐；

哈里·琼斯，他特立独行地生活。”

第二步：向对方透露你想要在墓碑上刻的句子，认真准备，想好了再说，你的态度决定了对方的态度。

第三步：向对方提问：“乔，直到目前你觉得最骄傲的是什么？你最想世人记住怎样的你？你想要世人在你的墓碑上看到什么？”

也许你的生意伙伴乔会说：“其实我希望别人记得我是个讲信用的人。”仔细听，如果他讲了好多详细的事情，那么记下每个细微的说明。然后你要谨记于心。而乔自己会忘记曾经和你玩过墓碑游戏。

第四步：至少三周之后，以这些信息为材料称赞你的生意伙伴，从而改善你们之间的关系。可以这么说：“乔，我跟你合作是因为你一直是个讲信用的人。”

哇，乔听到你这么说心里肯定乐开了花，他肯定在想：“终于有人如实地称赞我了。”对乔而言，你称赞他的理由与他欣赏自己的理由一模一样，而这也恰恰是世界上最棒的恭维。

现在，假设比利·巴克斯是你的朋友，他希望碑文能显示自己的幽默睿智。你就可以对他说：“老兄，你真了不起！我这么喜欢你就是因为你总能让人开怀大笑。”

“我爱你，因为你……”

假设你的另一半就是上面提到的简·威尔逊，告诉你的爱人：“我爱你，因为你走到哪里就把欢乐带到哪里。”

假设你的另一半是哈里·琼斯，你可以拉着他的手告诉他：“哈

利，我爱你，因为你是那么特立独行。”然后你会发现你说的话那么触动人心，那一刻你们的心灵仿佛也紧密地结合在一起。

技巧59　墓碑游戏

问问你生命中重要的人，看他们想在自己的墓碑上刻些什么。记在心里，但不要再提墓碑游戏。然后下次再说“我很欣赏你”或“我爱你”时，加上几周前他们告诉过你的那些话。

当你用别人的自我评价称赞他们时，听到的人一定会打心底里觉得开心，他们肯定会这么想，“终于有人爱最真实的我了。”

告诉别人你欣赏他或者爱他会令人难忘，特别是你的欣赏和热爱与他们对自己的判断相匹配时，效果绝对超乎你的想象。

第七部分

拨动电话那端的心弦

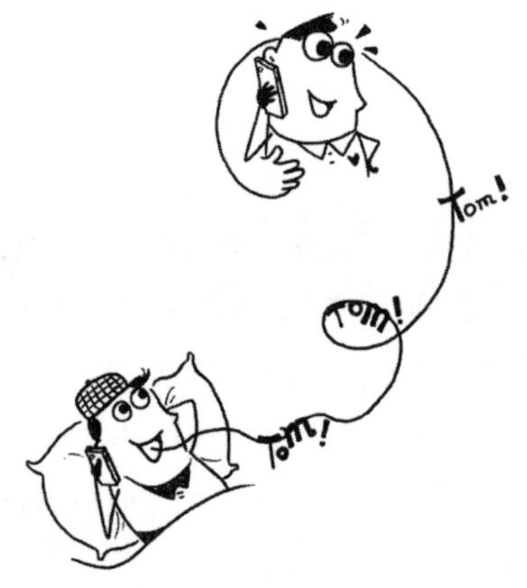

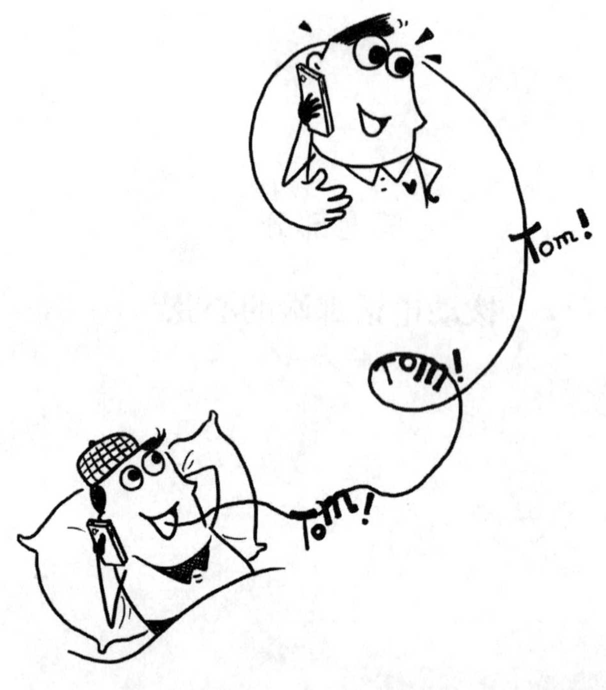

听到有人叫自己的名字，人总会立马集中注意力。用电话交流时要频繁地使用这个技巧以确保沟通的效果。在电话里重复别人的名字，就好比面对面的眼神交流。面对面不断重复别人的名字有迎合之嫌。但在电话中，你们之间有一段空间距离，有时几乎隔着一个大陆，频繁在交流中叫对方的名字会让对方忘记距离，感觉你就在身边。不断地在交谈中穿插他的名字，对你的听众而言，就像是接受口头拥抱一样。

有些人也许从来没有见过你，从来没有看见过你微笑、皱眉；从来没有跟你握手、拥抱过；从来没有机会领会你的身体语言、观察你的着装品位。但他们也能对你相当了解。怎么可能？电话就有这样的本事，让从未谋面的人通过声音了解彼此。

多年来我只通过电话和旅行社联系。拉尼是我未曾谋面的代理人，帮我拿到了机票、车票及酒店的最低价。但她在电话里粗暴无礼的态度让我很是恼火，我多次发誓要另找代理。

几年前的某个上午，我接到一个坏消息，家里有点急事，我必须立即订机位回家。我没时间去机场排队，所以立马联系拉尼去拿机票和登机牌。

这是我第一次去拉尼的旅行社，前台坐着一个女人。她看到我心急如焚、发疯似地冲进来时，一脸同情地站了起来，给了我一个安慰的微笑，一边听我絮絮叨叨讲述情况，一边微笑着点头。她又立即采取行动，帮我搞订了机票。“多么厉害的女人！”看着她出票时我在心里感叹道。

片刻之后，我拿到了机票，出门时我感激地问她：“对了，你叫什么名字？”

“莉尔，我是拉尼。”我看到一个笑盈盈、非常友善的女人挥手祝

我一路顺风。当时我真的是目瞪口呆！为什么我以前觉得她粗暴无礼呢？

去机场的路上，我想通了。拉尼的友善，亲切的笑容，她的善解人意和身体语言，以及“我在这里为您服务”的态度都是无法穿越电话传递的无声讯息。我闭上眼睛，努力回忆刚才听到的声音，没错，确实是电话里拉尼那清脆、尖刻的声音。但是，她友好的肢体语言让我觉得她与我印象中的拉尼判若两人——拉尼的电话个性和她本人的行为举止完全不同。

本章的 10 个技巧帮你提升电话个性，让你用声音表达你自己，打动电话那头的人。

60 让情绪被听到

几年前，我的朋友蒂娜因为设计了一部戏剧的服饰而红极一时。那场在小地方的小演出获得了极大的成功，也赢得了赞助人的青睐，从而走上了百老汇的舞台，但演出在百老汇却搞砸了。

我得知那个坏消息之后打电话给蒂娜，“为什么在百老汇的演出会获得这种评论？”她告诉我，导演并没有调整演员们的表演以适应新环境。演员们低调、节制的表演让他们在百老汇的大房子里显得毫不出色，他们忽略了加大动作幅度以适应新的媒介，结果只有少量观众看得又哭又笑，后排的观众根本看不到他们细微的动作和面部表情。

这么精辟的意见不仅适用于表演，也在提醒我们与人交谈时必须考虑媒介。如果你的脸是出现在大银幕上，你可以眨眼或扬眉来传递讯息，但如果你是通过电波和听众交流的话，纵然你表情丰富有趣，听众也没法看到。你得通过说话来传递你的情绪，让听众感受到你的表情。

身体语言和面部表情占据了你一半以上的特性。当人们看不到你时，他们可能会像我看拉尼一样得到一个完全错误的印象。研究表明在电话中人们的声音失去了 30% 的能量水平。因此为了在电话中彰显你的个性，你必须把情绪在声音中表现出来，必须对声音做一些夸张

的处理。

假设你明天要见一个重要的人，你们相互介绍、握手，你完全面对着她，强烈而又恰到好处地进行目光接触，脸上绽放着真诚的笑容，微笑着点头，专注地倾听她说话，她肯定会非常喜欢你。但是想象一下如果你的眼睛被蒙上，双手被反绑，如何才能给这位重要人物留下良好的印象呢？这就是你在电话交流中遇到的困难。

因为电话中别人看不到你，你得替换一些词来让她知道你正在倾听或者赞同她的说法。你应该以某种方式来传递你的微笑，多叫对方的名字来代替目光接触。为了达到目光接触的效果，通电话时请不时插上几句“嗯”或“了解”。当你说一些“我明白了。”“哦，太棒了！”“不是开玩笑吧！”“有意思。”和“多跟我讲一点儿吧！”时，你的听众就知道你在点头或者赞同他们。

对方在电话一头看不到你一脸的震惊？你最好说一句“真让人意外！”或是“真的吗？”别人说了一些令人钦佩的事，但看不到你赞赏的表情？不妨试试说“你真是明智！”或“你可真不赖！”

选择和你的个性和情境相搭的话，确保电话那头的听众能“听”得到你的情绪。

技巧60　交谈手势

每次拿起电话时都把自己想象成个人广播剧的明星，要想让对方了解最真实的你，记得把微笑、点头以及所有表情都融进声音，让你的听众感受到，用你的声音代替你的交谈手势。千万记得在电话里的表现要比平时夸张30%。

61 让人觉得你在身边

当人们不是面对面坐着交谈时，就需要有一个维持亲密交流的工具，电话就是这样的一个工具。但怎样才能相距百里仍保持亲密关系呢？如果无法拍拍对方的背或拥抱他们，你又该如何让电话那边的人感受到你的喜悦和热情呢?

答案很简单，只需比见到本人时更加频繁地叫对方的名字。事实上，不断地在交谈中穿插他的名字，对你的听众而言，就像是接受口头拥抱一样:

“山姆，谢谢你。”

“贝蒂，让我们开始吧。”

“德莫里，为什么不呢？”

“凯茜，跟你聊天真开心。”

面对面交谈时，如果频繁地叫别人的名字，常会给人留下妄图指使他人的糟糕印象，不过，在电话中这么做效果截然不同。这种感觉就像置身拥挤喧闹的人群中听到有人叫你的名字一样，你会振奋起来仔细倾听。通话对象听到听筒一端传来自己的名字时，注意力一下子就会被吸引住，对电话那头的你也重新产生了熟悉感。

如果对方不小心走神了，你这么一叫，也能让他立刻回过神来；和你通话的那个人手上要是还在做其他事，听到你叫他名字，也会先停下其他琐事，专心听你讲。

技巧61　名字攻势

听到有人叫自己的名字，人总会立马集中注意力。用电话交流时要频繁地使用这个技巧以确保沟通的效果。在电话里重复别人的名字，就好比面对面的眼神交流。

面对面不断重复别人的名字有迎合之嫌。但在电话中，你们之间有一段空间距离，有时几乎隔着一个大陆，频繁在交流中叫对方的名字会让对方忘记距离，感觉你就在身边。

62 让人听得开心

不管你在哪儿接电话，总有些所谓的专家告诫你：“无论在哪儿，接听电话之前要先微笑”，一些专家甚至建议你在电话旁边放一面镜子以便随时提醒自己记得要笑。这方法我早就尝试过了，但行不通。一天晚上，我正敷着黑泥面膜，电话响了。从电话旁边的镜子中乍一看自己那恐怖的脸，我吓得连声音也变得尖利刺耳。

大赢家们在接听电话前不微笑。当他们听出是谁打来电话时才会在声音中“流露”微笑。也就是说，拿起电话，先要不动神色，非常专业，报出你的名字或者公司的名字，直到你听出是谁，再使微笑的洪流涌现在你的脸上。

“喔，是乔啊，（微笑）真高兴你打电话来！”“萨利，（微笑）你好！”“比尔，（微笑）我正等着你来电话！”

我的朋友史蒂夫住在华盛顿国会山，他是有线电讯协会的领导。每次打电话给他，我从来都不知道接电话的会是他那几十个助手中的哪一个。不过，无论是谁都给予了我热情的回应。

首先她会说“有线电讯协会”跟自己的名字，然后问我找哪位？友善而不虚伪，没有预设的笑声。我相信这些助手并没有对着镜子做出任何笑脸。

听到我说“史蒂夫先生在吗？我是莉尔·朗兹”时，那边的人显

得非常友好。“哦，是的，朗兹女士，”她愉快地说，“请稍等！我帮你转过去。”

哇，她得体真诚的语气让我感觉自己很特别！我一边等史蒂夫听电话，一边幻想他正坐在一张长长的红木桌子首端主持会议，吩咐他的下属：“如果是总统或白宫高官的电话，立即接进来。还有，如果是莉尔·朗兹的电话，也立刻接进来。”

去年，在华盛顿的时候曾经与史蒂夫一起吃了顿午饭，我顺便告诉他，打电话到他办公室是件令人愉悦的事，我非常感激他的员工热情的电话接待，谢谢他让每个人都熟悉我的名字，并且提到我可能会时不时地打过去。桌子对面的史蒂夫看着我，眨了眨眼睛说：“莉尔，电话技巧可是你的研究范畴啊！”

“咦？”

“原谅我，让你的美梦破灭了。”史蒂夫说，“其实，无论是谁打过来都会得到这样的接待。”

“哦！“

当你并不想接听的电话打来

“但是史蒂夫，”我辩驳道，我试图从得知自己并非 VIP 的失望中恢复过来，“如果打电话来的是陌生人呢？一个完全不认识的人，你的员工应该不会假装认识对方吧？”

“当然不会。这种情况下，我吩咐她们热诚地询问对方打电话过来的原因。对方如果是想要加入我们协会的电缆运营商，他会听到一个真诚且笑意盈盈的声音：‘噢，史密斯先生，我现在就帮你转接过去。’”

“但如果是办公家具的销售员呢？”我接着问道。

“没关系，在弄清楚来意之后，销售人员依旧能得到同样的接待。如果我的职员热情地说：‘噢，办公家具！’对方会感觉良好，而且我发现之后跟他们打交道都非常容易。”

我告诉他：“明白了，史蒂夫，从明早开始，每次接电话我都会尝试让自己的声音显出这么一种态度：‘哇，很高兴你因为这事打来电话’”。

第二天我接到的第一个电话是牙医诊所打来的。“朗兹女士，我们想提醒你，你每 6 个月一次的检查已经过期了。”

“哦，你说得没错，”我叫道，“很高兴接到你的电话。”这位接待员虽然很是惊讶，但对我的反应还是感到很高兴。“我现在无法预约，”我继续说，“一旦我的日程安排有空档就给你电话。”她没有像往常那样为难地说一句：“那么，你打算约在什么时候呢？”只是满意地挂了电话。（而我得到了我想要的东西，在接下来至少 6 个月内不会再接到牙医诊所的电话。）

第二个电话响了，是一个订购过我磁带的人打过来的，抱怨其中一盒磁带坏了。“真高兴你告诉我这些，”我像中了彩票那样兴奋地说。对方听起来有点惊讶，但显然对我的反应感到高兴。“当然，我会给你换一盒，希望你接受我的道歉。”来电满意地挂断了。（而我得到了我想要的东西——善意与口碑。）

第三个电话更倒霉，来自我忘记付款的供应商。“哦，很高兴你提醒我那张账单的事，”同样，来电者的反应非常惊喜。“我隐隐觉得漏掉了一张账单。现在我正在开支票呢。”我得到了回馈，供应商说：“顺便告诉你，不用担心每月 2% 的滞纳金。只要我们周末收到支票就没问题。”她高兴地挂了电话。（而我得到了一份礼物，不用支付利息费。）

整整一天，一个星期，直至今天，这个技巧都屡试不爽，所向披

靡。试试吧！在几乎所有电话中应用“哇，是你呀！”技巧。先弄清楚来电者是谁和他们打来电话的原因，然后微笑着跟他们说话，你会获益匪浅。

技巧62 “哇，是你呀！”

不要用一种“我一直这么开心”的态度接电话，要热情亲切，干脆利落。当得知是谁来电之后，再让脸上露出灿烂的笑容，让你的声音听起来也是喜悦的，要让来电者感到你温暖、悦耳的笑声是专门为他绽放的。

63 完美的电话过滤

当我们打电话到别人办公室时常常会被筛选，这是一个严酷的情感考验。当你打电话给潜在客户推销商品时，你愉快地问:“我找琼斯先生？”

“你是哪位？”一个傲慢的声音问你。她还会继续无情地审问:“你是哪家公司的？”你报了公司名，祈祷能获得她的好感。更糟糕的是，她竟然问:“你们公司是做什么的？”

与史蒂夫共进午餐的几个星期后，我有点事再次打电话给他。“史蒂夫在吗？我是莉尔·朗兹。”

“哦，朗兹女士，我马上替你接过去。”我一边等待史蒂夫一边愉快地哼着曲子。

稍后他的助手惋惜地说告诉我:“很抱歉，朗兹女士。史蒂夫刚出去吃午饭，我想他一定很遗憾错过你的电话。”听到这里，我依旧笑着。我怀疑史蒂夫压根不是“刚出去吃午饭”，我怀疑他就坐在那里。但是我一点儿也不觉得自己被过滤掉了！我像无忧无虑的小猫一样开心地留下回电号码。

技巧63　暗中过滤

如果你必须对来电进行过滤，记得先让你的秘书愉快地说：“哦，好的，我立刻替您接过去，请问您怎么称呼？”如果对方已经表明身份，可以直接这么说，“当然啊，某某先生，我立刻替你接过去。”

随后就算秘书回答上司不在，打电话的人也不会放在心上或觉得自己被过滤掉了。

64 让电话为你赢得机会

有一个大人物，他在6个国家都有国际连锁酒店物业，有成千上万名员工，还乐于从事慈善事业。让我们暂且叫他埃德，他在行业中德高望重，声望显赫。而他有一个秘密：他的夫人是他的军师。

我在为埃德的公司进行咨询工作时，认识了他的夫人西尔维娅，并和她成了朋友。有次她邀请我一起喝下午茶，她温柔地道歉说今天是“女仆休息日”，因此我们不得不自己照料自己。当我们坐在院子里准备享用下午茶时，电话响了，她表示歉意后出去接了电话。

我听到她说：“不，我很抱歉，他不在。要我告诉他你来过电话吗？……不，我不知道他什么时候回来，但如果你告诉我你怎么称呼……不，我说了我不知道他什么时候回来……好的，我会告诉他你来过电话。”

因为那通电话西尔维娅非常恼火，回到院子后状态还没调整好，而我正好一直在寻找好的电话故事，于是斗胆向她投去疑惑的目光。

她注意到我很好奇，就告诉我说：“那个傻瓜以为他会得到埃德的援助。”她的坦率促使我向她了解更多的情况。原来打来电话的叫克赖顿，是埃德正在考虑捐助的一个慈善团体的筹资人。在过去两周里，克赖顿打过两次电话，但每次都碰上埃德出门。西尔维娅说：“他每次都不问候我，没有问问我怎样，也没有为突然的打扰表示歉意。”

这让她非常不悦。

真的是这些惹恼了她吗？这些肯定不是全部原因。惹恼她对克赖顿则意味着巨大损失。在餐桌上，西尔维娅可能对埃德说：“亲爱的，今天一个叫克赖顿的挺不错的人找过你。”或者“今天，一个叫克赖顿的，相当讨厌的家伙找过你。”克赖顿的慈善团体能否获得数百万美元可能就取决于这两句话了。归根结底一切又取决于克赖顿对西尔维娅的态度。

相当一部分大人物的配偶和秘书，对重要的商业决策都拥有干预能力。在招聘、解雇、晋升或采购等事务上，许多配偶都有发言权。而当谈到谁的来电被转接给老板，谁的方案被放在老板桌上最显眼的地方，谁能够预约老板共进午餐时，秘书的意见就非同小可了！没有意识到所有配偶和秘书都有名字，也都有生命，都是有感情的人是不够聪明的。其实配偶和秘书都很有影响力，对待他们，真的应该慎重得体才行。

技巧64　问候配偶

打电话到别人家里，先自报姓名，然后记得问候接电话的人。如果需要多次打电话到某人办公室，则要考虑和秘书交朋友，任何有资格接听电话的人都有资格左右大人物对你的看法。

65 先确定讲电话是否方便

贝尔发明了电话，那个时候他和同事说的第一句话是“你能讲话吗？（Can you talk？）”，当然这里贝尔是从技术方面发问的。

现今“能说话吗？”的意思是“方便说话吗？”深入交谈之前，最好问问“现在聊聊方便吗？”“没打扰你吧？”“是否有时间谈谈小饰品的利润？”

打电话的时机不对，没有确认别人是否有时间接你的电话，那么不管你的信息多有趣，和你通电话多愉快，也没人愿意听你说话。糟糕的时机通常意味着糟糕的结果。这不是你的错，因为打电话到别人家里，你也不知道她是在睡觉，还是在煮东西。打电话到别人办公室，你永远也不知道他是否正在争分夺秒地赶报告，他的办公桌前是否正坐着不耐烦的大老板。

无论什么时候打电话，请先询问对方自己选择的时机对不对。养成习惯，并坚持执行。如果你开口第一句话没有问他人接听是否方便，那你就要好好反省了。表达的方式多种多样，归结起来都是一句：“你现在接电话方便吗？”

销售员，一定要等绿灯亮起

这里有一项针对推销员的建议。如果你正向一位潜在客户询问他是否有时间聊聊，如果他的答案是“不一定，但告诉我有什么事”，不要照着他说的做！他现在亮起的是红灯，一定要等到绿灯亮起，他真的有充足的时间和你聊的时候，再行动！

技巧 65 “能说话吗？”

无论你认为自己的电话有多么紧急，首先要确认对方是否方便接电话，可以简单地询问：“你现在方便说话吗？”

先打听自己的时机选得对不对，这样你才不会因为自己匆忙的节奏打乱对方的时间安排，也不会因为选择的时机不对而遭到拒绝。

66 电话留言：简短、专业、友好

仅仅是从电话留言中，你就可以了解某个人的事情。“你好，”他的机器答道，“我现在不在家，但你也有可能不想和我说话。”听了这样的话，你难道不怀疑这家伙有自卑情结吗？当然，大多数人不会如此明显地录下个人弱点并昭告世人。不过，人们还是可以从电话留言里的每句话中听出许多东西。

上个月，我需要一名美工来为我的一位客户做一些工作。我打电话给画家马克。首先从听筒里传来的是让人震耳欲聋的摇滚乐，然后，他的声音盖过电吉他声：“嘿，朋友，斯文点，请留下你甜美的声音。耶！耶！耶！”我迅速地挂了电话，心想：要是我那个客户打电话给马克时听到这么一段，那该是多么可怕！他的30秒才艺表演可能会让摇滚音乐人兴奋，但商人会选择更稳重的电话留言。如果你一定要在答录机中反映你的工作特点，那么请保持你的信息是友善、中性、跟上时代的。

这其中的秘诀就是：每天都更新你的信息，让人觉得你在业界举足轻重。研究显示，每次打电话时，如果都听到更新过的信息，会给人留下精干而高效的印象。如果有必要的话，让对方知道你在哪里，以及何时回来。这点对你的潜在客户尤其重要。

不妨在你的办公电话上试试这样的留言：“我是某某，今天是5月

7日，我将在今天下午晚些时候出席一个销售会议，请留下你的信息，我回来后会尽快回电。”这样，下午4点之前，就算你不给客户回电，他也不会生气。电话留言要短小，不要冗长。

我的同事丹是一名演说家，他以热情诚挚的声音将他的每日思想强加给所有毫无戒备的来电者。

去年，我和丹一起做一个项目。我每天三次打电话催他递交进度报告。每次他的机器都回答说：“你好，我是丹，这是我的一日格言。”他清了清嗓子，继续他的“录制表演”。“今天有人说些什么得罪了你吗？那又怎样！那是他们的问题。”他突然停顿了一下。“有人误解你了吗？那又怎样！那是他们的问题。”同样，他暂停了一下之后，又再次投入到那种情绪中。“把你的愤怒、恼怒和怨恨的小念头都换成正面的想法！冷静下来，不要受生活中那些无足轻重的小刺激的影响。满足感与成就感才是你要关注的。另外，我是丹。”

第一次听到丹“鼓舞人心”的信息时，那冗长的言辞让我有些不耐烦；第二次，我得不断地深呼吸来平复情绪才能听完那难以忍受的长信息；到了第三个电话，他那伤感主义信息似乎没完没了。由于他那见鬼的信息，我满脑子都是他告诫不要有的那些“愤怒、恼怒和怨恨的小念头”，压根不可能“不受影响”并“关注满足感与成就感”。我真想朝他的鼻子挥上一拳！电话留言不是提供鼓舞人心的信息或以才艺打动别人的地方。

我的一个作家朋友放在答录机上的留言为她“赢来了”几声嘲笑：

“您好，这是谢里尔·史密斯。谢里尔正在她的全国巡回售书活动中，”（她停顿了一下，以便给所有来电者留下深刻的印象）“在12个城市与读者直接见面。”（再次停顿，仿佛在等待掌声响起。）“她将在10月7日回来。”（这个“她”是谁？谢里尔自己正在说话呀。）“请在提示音后给她留下你的口讯。”

是的，谢里尔，我们知道你是一位重要作家。但是，你的第三人称自我介绍、自恋的语调，和以 12 座城市作最后润饰，都会令人窃笑不已。

最后一个附注：避免使用目前许多忙碌的人频频使用的一条特定的信息“我现在不是在办公室就是正在接另一个电话。”此信息的潜台词是“我是一个被束缚在办公室的奴隶，令人惊讶的是，我竟然暂时逃脱了。”

一天晚上，我工作到凌晨，4 点时，我决定给一个同事的业务电话留言，这样她一上班就能收到了。“你好，”响起尖锐的留言声，“这是费利西娅，我现在不是在办公室就是正在接另一个电话，请在提示音后留下你的讯息。”费利西娅，你当然不在办公室，现在是星期天早上 4 点！“接另一个电话？”在这个时候？！

你永远不知道你的信息会带给别人怎样的影响，因此，只要保持你的留言简短友好，不褒不贬，时常更新以及平实而不夸张，确保没有自吹自擂、花哨的东西就可以了。

技巧 66　不断更新电话留言

如果你想要被认为是一个负责、可靠的人，那么留下一个简短、专业、友好的问候作为你的电话留言。不要音乐，不要笑话，不要鼓舞人心的信息，自吹自擂花哨的东西也要不得。

另外，还有个秘密：每天更换留言。你的讯息无须完美无瑕，一声咳嗽或一点口吃反而让人觉得你更真实，不做作。

67 让别人有立刻给你回电的冲动

百老汇音乐剧制作人选拔演出者的苛刻是出了名的。经过了几个星期的排练试演之后，急于成为明星的选手终于站在了舞台上。他刚开口唱不到几句，无情的制作人就喊道："谢谢你，下一位！"10秒钟，明星梦破灭了！

这种"10秒试镜"很可能让一个人的愿望瞬间破灭。对于普通人来说，所谓"试镜"就是你留给别人电话上的自我推销信息。

聪明的人从不会向VIP客户寄送一封脏兮兮、皱巴巴、字迹潦草的商务信函并期望收到回复。他们知道收件人会把它扔进垃圾桶。相反，有的人会在VIP客户的语音信箱中留下枯燥乏味的信息并且期望接到回电。没有人会告诉他们，聪明的人会像百老汇制作人一样仔细斟酌过滤他们语音信箱中的信息。如果听起来不错，你会得到一个机会。如果不是，你会被请出他们的生活。

在语音信箱中留下清晰、明智且愉快的信息的销售员、求婚者、候选人才有可能收到回电。一个人如果留下毫无生气的声音与粗制滥造的信息，那么他永远不会收到美梦成真先生的回复。请确保你的信息反映了三个C：信心（Confidence）、清楚（Clarity）和可信度（Credibility）。此外，还要让对方被你的信息吸引，从而对你产生兴趣。

“我们将……请继续收听！”

电台 DJ 使用了一些小技巧以确保他们的听众一直收听下去，销售员也会使用相似的技巧来引诱潜在客户给他们回电。其中一个技巧叫吊人胃口（或扣人心弦）。为了确保在电台播放广告期间听众不会转台，广播员抛出了一个小悬念：“广告之后，我们将回来公布中奖名单……可能是你喔……请继续收听！”给别人留语音信息时，请设法包含一点扣人心弦的事：“嗨，哈利，我是安德鲁。你上星期的问题我有答案了。”或者，“嗨，黛安，我是贝特西。我有一些与我们正在讨论的项目相关的重大消息。”现在哈利和黛安有理由给安德鲁和贝特西回电了。

想象电话那头有观众正在倾听，并把你的个性也演绎到你的信息中。多说几句能激起他们的好奇心或让他们开心的话。你的留言相当于 10 秒钟的试演，请尽情发挥。

顺便提一下，如果别人的语音信箱突然启动，而你又毫无准备的话，请迅速挂断（在提示音之前挂断电话对方不会知道）。花些时间精心雕琢能使人觉得愉快、动心且有趣的讯息，再自信、清晰、极具魅力地演练一遍，然后重拨并留下你的“热辣”信息。

技巧 67　10 秒钟试演

一边拨号一边清清你的嗓子，如果答录机接通了，把提示音想成是百老汇制片人在说“下一个”，现在轮你上场了。好好珍惜你的 10 秒钟试演，要让对方有种冲动，想要尽快给你回电。

68 伪装成大人物的哥们

这个电话技巧的灵感源于我在曼哈顿厕所的经历。纽约虽被公认为成熟完善的城市，但在某些方面她还是落后于一些欧洲城市。比如，曼哈顿就没有几个公共厕所。

当我在繁忙的纽约四处奔波拜访客户时，这点就成了一个问题。我发现自己经常处于咖啡店收银员的监视之下。他们一脸戒备地看守着厕所设施，有的甚至在窗口挂了个牌子，威胁似地写上这么一句话："厕所仅供客人使用。"

我发现，如果像平常那样直言不讳，直接走到收银员面前询问是否可以使用卫生间的话，我一定会被拒绝。于是，我运用了下面这个技巧。我看都不看收银员一眼，信心十足，昂首阔步地走进咖啡店，然后径直从厕所门卫身边走过，目光锁定一个隔间。这样，她会以为我是来吃午饭或只是回来取落下的手套。越过了厕所看门人之后，我就等待她忙于检查的时机，风驰电掣地冲向厕所。我将这种诡计叫作"伪装诡计"。

现在让我们把这个"狡猾的诡计"转变为电话技巧。你可以使用这个策略来偷偷接近秘书，并躲避他们的无情筛选。不要直截了当地叫对方的名字，而是说"他/她在吗？"。使用代词能让你表现出"呵哈，一切照常，我每天都打来"的姿态，并在口头上冲过秘书的关卡。

技巧68　伪装诡计

打电话找人不要说出要找的那个人的名字，而是随意地说出“他”或“她”这样的代词。别说：“嗯，请某某女士接电话好吗？”而应该说：“嗨，我是鲍勃·史密斯，她在吗？”“她”这么一个亲密的词，已经向秘书暗示了你和她的老板是老朋友。

69 让人感觉你超级体贴

打电话给别人时，你听到的不仅仅是他们的声音，还可能会听到背景中的狗叫声、婴儿啼哭声，或噼啪的火苗声。这些声音可以让你做出这样的判断：也许狗的尾巴被冰箱夹住了，宝宝要喂食了，或房子着火了。听到这些声音时，不妨问问对方是否需要先忙其他事再接你的电话，这会让对方心头立即涌过一股暖流。

如果对方正处于工作时间，你会听到另一部电话的铃声响起。这时，请立即说："我听到你那边有电话响了。你需要先接一下吗？"即使不需要，他也会赏识你的这种姿态。当然前提是，你必须对电话那端的情况保持适度敏感。如果与你聊天的人在很远的地方或另一个国家，那么你可以按照他们所在时区的时间来进行交流，例如，留言时说："我大概会在你那边时间的3–5点之间抵达"。

技巧69　"我听到你的另一个电话响了"

打电话时，如果听到对方另一部电话响了，暂时停下你们的谈话，如果有必要请告诉对方："我听到你另一部电话响了"（或我听到你的狗在叫、宝宝哭了、你老公在叫你），问别人是否需要先去处理。不论对方作何反应，你的体贴都会让她觉得你是个沟通高手。

70 听出言外之意

第一次看《绿野仙踪》电影时，我就被这个故事深深迷住了；第二次再看这部电影时，我惊讶于那些特技效果；第三次又看时，那些摄影使我眼花缭乱。你试过一部电影看了两次或三次吗？再看时，你会注意到前一两次完全漏掉的音效和细微之处。

打电话也是一样，由于业务交谈比电影更加重要，所以你应该听两次或三次。在电话交谈中，我们经常要再听一次才能弄清楚究竟是怎么回事。那么，要怎样才能再听一次重要的业务对话呢？很简单，你只需对电话进行录音，然后再重听或者回放。我把这种记录和分析业务对话细微之处的技巧叫作“瞬间回放”。

如果我朋友劳拉的电话中有录音机的话，那么她的职业生涯一定会发生戏剧性的变化。劳拉是一名营养师，研制出一款值得全国推广的健康饮品。一天，我正和劳拉在她的办公室讨论工作计划。我说：“劳拉，我刚为你想到了一个客户。几个月前，我认识了弗雷德，他是一家连锁超市的老板。上次在他的请求下我帮了他一个忙，为他所属的社交俱乐部做了一次无偿演讲。因此，弗雷德还欠我一个人情。他是超市行业的大亨，只要他点头，就能够让你的健康饮品进驻他的店里，然后向全国推广。”

结果，我打通了弗雷德的电话。让人惊喜是，听上去弗雷德对劳拉的饮料很感兴趣。“把电话转给她。”他说。

我得意地把电话递给劳拉。一开始，他们谈得不错。“哦，当然，我会寄给你样品。”劳拉说，“地址在哪里？”然后，我听到劳拉说：“嗯，等一下，我找笔和纸记下来。”（我迅速把笔和本子推到她面前。）“嗯，请再说一遍？你说4201还是4102？（我低声地呻吟。）嗯，街道的名称怎么拼写？（我再次呻吟起来。）哎呀，这只钢笔没墨水了。莉尔，你看见我桌子上有另一支笔吗？（我看到了，但这次我恨不得朝她扔过去。）对不起，请再说一遍？”

天啊，我真想从劳拉手中抢过那个电话。她不应当用一些鸡毛蒜皮的琐事来烦扰一个日理万机的大人物，她完全可以稍后再打给他的秘书进行详细了解。但如果她懂得运用“即时重放”技巧录下他们的对话，那就不会出现这么一个不必要的局面。她本来可以顺便提一下她进行了录音（多数大人物都很高兴听到别人这么说），并已将她所听到的记录了下来。

那天，弗雷德对劳拉挺友善的，但我的朋友再没收到他的任何回音。直至今日，她还不知道为什么会这样，她永远不知道是那通混乱不清的电话交流让那笔生意成了泡影。

电话中的一点怠慢就导致弗雷德放弃和劳拉做生意。也许，你会想这也太不公平了吧！绝对不是。弗雷德是这么想的：“这女人在潜在业务关系的初期就如此迟钝，要是一旦成了合作伙伴会怎样？”弗雷德做了个明智的选择，但我仍然喜欢劳拉，她还是我的朋友。不过，我还会把她介绍给可能对她有所帮助的其他任何人吗？我不敢再尝试了。

如何创建“瞬间回放”

“瞬间回放”简单实用。你可以在当地的电子产品店购买电话录

音机，把它贴在听筒上，另一端插入盒式录音机。然后，在下一次重要交谈时按下录音键。这个装置第一次使用就会帮你赚得数百美元。除了让自己听第二遍之外，你不得把磁带用于其他任何用途。否则，你就涉嫌非法窃听了。为了确保百分百安全，请保管好这些谈话录音，不要四处丢放，同一盒磁带可以被反复使用。

有了“瞬间回放”，你就可以在对方抛出球的一刻就抓住它。假如你正跟老板通电话，他在闲聊中说了一家律师事务所的四五个人名，而这些你应该记下，接着是地址和邮政编码。他意识到自己投给了你一个快球，就会问你:“要我再说一遍吗？”“不，谢谢，我记下了。”你自豪地说，轻轻地拍拍你的小录音机。请相信，你这样做将给他留下深刻的印象。

“瞬间回放”还有另一个好处是它有助于隐藏你的愚昧无知。从前，我在电话中与一位摄影师针对演讲录像带的价格进行了一番讨价还价。幸好我录下了谈话内容，因为他快速地说出了8mm带宽的录影带、垂直螺旋扫描、超级家用视讯系统、载入小型录影带的摄影机、3/4英寸U型录像机等专业名词，让我几乎想要找个地洞钻进去。但后来我听了我们谈话的录音带，写下那些不明白的话，然后请教了一个搞视频的朋友。现在，我能够给那个摄影师回电说:“我喜欢用载入大型或小型的双相机拍摄。嗯，你能给我一个家用视讯系统的配音吗？这样我可以做一些离线编辑。”难道你不觉得，比起问:“嗯，什么是载入小型录影带的摄影机？”更能让我获得一个更优惠的价格吗？

技巧70　瞬间回放

录下你所有的业务电话，再听一次。听第二次、第三次时，你可能会听出一些言外之意。这就像橄榄球球迷往往要再看一遍比赛回放才知道是否有漏球。

忘记人家说什么，听出真实意图

“瞬间回放”也让你更了解你和对方的交流情况，而不仅仅是你从对方那里听到的几个单词。你会感觉到他们对你的某个观点是积极的看法还是犹犹豫豫。

当我们想要什么东西时，我们的头脑总是捉弄我们。如果我们迫切渴望听到别人说“好的”，我们就会听到“好的”，但别人说的“好的”实际上并不是我们听到的那个“好的”。从别人口中说出的果断的“好”和犹豫的“好”是有着天壤之别的。

上个月，我询问准备听我演讲的一个女人，能否借用她公司的复印机帮我复印10页讲义。她给出了我想要的答案：“可以。”但是后来，我重听了一遍我们的对话。她的回答非常犹豫：“嗯，可以。”于是，我马上再打电话给她说：“顺便说一下，您不用担心那些讲义了。”

“噢，我真是太高兴了！”她低声说，“因为我们真的没有这个预算。”我赢得了信誉，这比复印几张纸有价值多了。

第八部分

如何像政治家一样玩转社交 Party

抵达聚会场地时，戏剧性地在门口停一下，然后缓慢地审视全场，让你的目光像时刻待命的特种部队一样来回穿梭，随时准备消灭任何移动物体。

当我们被邀请参加某个派对，大多数人都会冒出各种各样琐碎的念头："嗯，可能很有趣……不知道他们会不会提供食物……希望天气很好……到时可能有一些有趣的人……不知道我的朋友谁和谁会不会来……天啊，我应该穿什么衣服？"

政治家们就不会这样考虑一场派对。虽然政治家、人际交往大师、严肃的社交家、商业界的成功人士都非常关注邀请，但他们会本能地浏览不同的频道。在回复"是"或"不"之前，他们的大脑会精心考虑新闻宣传的问题，也就是考虑新闻六要素清单：人物、时间、事件、原因、地点和方式。

下面让我们一一讲解。

要素一：谁将出席宴会？

更具体地说，就是我会在那里遇见谁？一本正经的交际大师会盘算："哪些商界人士是我必须要见的？基于政治或社交的原因，我应当见见谁？"单身人士则会寻思："我结识谁，开始一段恋情的可能性比较大？"

如果不知道谁将出席，他们会直接给派对的主人或女主人打电话

询问:“谁会去参加？”政客们一边和派对的举办者闲聊客人名单，一边潦草地写下感兴趣的人员名单，然后下决心结识他们每个人。

要素二：我应当何时抵达？

政客们不会等到应当抵达宴会现场时才着装完毕。他们不会问自己:“嗯，我是不是应该时髦地迟到一下？”他们会仔细地估计其到达和离开的时间。

如果那个派对上有许多用得着的人脉资源，政要们会早早抵达，以便一到就能开始与他们攀谈。大人物经常到得很早，他们在“讨厌第一个到”的那些派对常客陆续抵达之前就已经谈妥了他们的生意。他们从不会因为去得早而尴尬，毕竟，只有比他们更早到的人才会看见他们，而那些人跟他们一样是显要人物。

你也不会发现政客们四处徘徊，最后一个离开。他们一旦完成了计划，就会在途中退出去寻找下一个机会。如果当天日程的社交性比较强，他们会设法让自己可以随性、自由地离开聚会。这样，如果认识了一个重要人物，他们就可以留下来和他交谈，或开车送他回家，或去别的地方喝咖啡。

要素三：我应当带上什么？

政客的清单非同一般，通常会有梳子、古龙水和薄荷糖等。他们把许多功能强大的社交工具都装在口袋或钱包里。

如果让一个企业家去参加聚会，他可能会装一口袋名片四处穿梭。如果那是充满着怀旧气氛的高雅盛会，他们会抓一把只写有姓名、地址和电话号码的社交名片。(在有些人看来在纯粹的社交场合

中递出工作名片会显得非常笨拙。）在他们的派对包里，最重要的工具是用来记录重要人物联络信息的一支笔和一个小本子。

要素四：为什么举办这个宴会？

下面轮到政治家“揭开面纱”的永恒哲学上场了（说白了就是“看看地毯下面”），他们会问自己：“举办派对的官方理由是什么？”大实业家为他女儿举行的毕业舞会？刚离婚的经理给自己办的生日庆典？陷入困境的企业庆祝成立十周年？

“好极了，”政客告诉自己，“表面上看的确如此，但举办派对的真正原因是什么？”也许实业家希望他的女儿获得一份好工作，所以他邀请了几十个潜在雇主；开生日派对的家伙再次单身，因此客人名单都是些漂亮且有修养的女性；如果那家企业想要再过另一个十周年庆，迫切需要有良好的商业公关，因此，他们已经邀请了新闻界、社团决策者以及有影响力的人。

以“看看地毯下”的专家眼光，政客们找到了主人的真正动机，当然他们不会在派对上讨论。不过，这种洞察力把他们提高到一个与聚会上其他显要人物共享更高意识的状态。

这种知晓也使他们成为派对举办者的宝贵代理人。一个精明的政治家会把求职的女儿介绍给派对上的一些经理；或告诉盛会上最诱人的女性，过生日的家伙是个多么优秀的男士；与记者聊天时，他会谈起主人那需要良好公共关系的企业。看懂派对举办真正原因的人都会成为未来活动中最受欢迎的客人。

要素五：集体心理在哪里？

通常，客人名单上的大部分人员来自于同一行业或同一利益集团。“哪类人会参加这个聚会，以及他们对什么感兴趣？”政客只会在了解这些情况后，接受邀请。如果客人是一群医生，政治家会点击浏览最新的医疗新闻提要，排练与医生的闲聊；如果客人是一群新时代的选民，政治家会开始了解心灵感应治疗、密宗思想和迷幻舞。政治家们最无法忍受的就是表现得一无所知。

要素六：在聚会上，我该如何采取进一步行动呢？

大结局到了，我把它称为“接触黏合”，政治家用它来巩固刚刚建立的关系。如果认识了一个不错的家伙，彼此交换名片后，几乎每个人都会说，“跟你交谈真是非常愉快，让我们保持联系。”

如果不花很大力气，这种良好的意愿绝少能成为现实，但政治家却练就了一种保持联系的技巧。聚会后，坐在自己的办公桌前，跟玩纸牌游戏一样，他们把交换来的名片摆出来。运用在本节中稍后将讲述的“名片档案”技巧，他们会确定打交道的可能性、时间和方式。要不要给此人打个电话？应不应该给那人写张纸条？给另外一个打电话还是发电子邮件？

71 拥抱食物还是客人？

比方说查理，一个普通的聚会爱好者，参加了一个盛大的聚会。他径直朝摆满零食和饮料的茶点桌走去，然后，他找到了几个好朋友开始聊天。

他一边咀嚼盘中的美食一边和朋友们闲聊，偶尔向四周看看，寻觅可以交谈的有趣的新朋友。他希望聚会上那些有趣且引人注目的人会发现他并走过来跟他聊天。

查理的方法出了什么问题？如果查理想要从聚会中收获良多，那么他所做的一切都错了。让我们先从他的第一个错误开始：刚到就去拿点心和饮料。

聚会上的人们往往会下意识地对他们想要接近的人做出判断。你可曾在农场生活过？或养过狗或猫？那样，你就知道人们从不会在动物们吃东西的时候打扰它们。同样，当人在吃东西的时候，其他人也不喜欢上前去打扰。聚会客人的目光在人群中搜索着，如果他们看到你正吃着东西，就会直接从你身边走过。他们下意识地对自己说："让这饥饿的家伙大快朵颐吧，或许我们可以稍后再聊。"再也没有稍后，因为他们最后跟其他嘴巴里没有食物的人建立了友谊。

政客们在来参加聚会之前总会先吃点东西。他们知道，只有马戏团的魔术师才能仅凭两只手完成握手、交换名片、拿着饮料、往嘴里

塞饼干和奶酪之类的东西等一系列事情。

技巧71　吃东西还是交朋友

要明白宴会上食物和人脉不可兼得，只能二选一。可以向政治家学习，参加聚会前先吃点东西。

72 一登场便先声夺人

20世纪50年代的好莱坞著名女星洛蕾塔·扬出现在巨大楼梯的顶端，微微地俯瞰下面的布景，这一刻凝固成的荧幕形象永难磨灭。然后，她款款而下，开始表演；

罗马教皇走出阳台，俯瞰罗马圣彼得广场的人群。然后，他开始了赐福祈祷；

贝特·戴维斯（美国早期著名影星——译者注）停在门口，环顾四周。然后，她悄悄地说："真够脏的！"

你发现这些大人物出场的共同点了吗？他们都会在采取果断行动之前停顿片刻，环视四周。

电影导演喜欢拍摄以门口为场景的镜头，摄影机摇向那里，背景音乐的音调逐渐升高，所有人的目光都被吸引到在门口站着的主角身上。那名演员是否会像刚到新主人家的小猫那样偷偷摸摸地潜进房内？不，主人公停了下来，站在门口，让所有人都注意到他的出现。

掌握这个诀窍的人，就拥有了令人羡慕的、被戏剧演员叫作"舞台表现"的才能。追星族认为一些幸运的明星天生就具有这种本领，但其实那是后天培养的。政客从来不会悄悄地潜进一屋子人中，他们总是闪亮登场。

有一个简单的技巧，让你也能闪亮登场，我把它称为"张望房

间”。在走进去之前，先戏剧性地在门口停下来，目光缓慢地环视整个场景。重要的是，当你站在门口时，不要想：“看着我。”你张望房间的原因不是为了炫耀，而是为了判断你正要进入的境况是怎样的，要注意灯光和酒，最重要的是面孔。听听音乐，人群嘈杂声，碰杯的叮当声，看看谁在跟谁说话。东张西望的同时，你也可以使用下一个技巧“成为选择者而非被选择者”，以帮助你挑选第一、第二甚至第三个目标。现在，像统治丛林的王者一样，你行动的第一步是扫视房间。

技巧72　张望房间

抵达聚会场地时，戏剧性地在门口停一下，然后缓慢地审视全场，让你的目光像时刻待命的特种部队一样来回穿梭，随时准备消灭任何移动物体。

73 主动和你感兴趣的人聊天

政客从不等待别人接近他们，如果派对主人或他们的竞选主任没有提供一份“必见人员”名单，他们会一边东张西望一边选择目标。他们敏锐的目光掠过人群，内心自言自语：“跟谁聊天会最有趣？谁看起来对我的生活最有利？在这一伙人中谁能让我受益最多？”

他们是如何选择的？他们所采用的方式，跟我那漫画家朋友鲍勃观察人的方式一模一样，一直把目光锁定在某人身上会让你获益匪浅。熠熠发亮的眼神和脸庞上的每道皱纹都在诉说着你的人生故事。英国著名作家乔治·奥威尔曾说过：“30岁时，长相反映阅历。”然而，几乎没有人会下意识地窥视陌生人的眼睛。在那些旨在建立人脉关系的聚会或会议上，大多数人不好意思与陌生人进行目光接触，这是多么愚蠢啊！

在人际关系研讨会上，我要求参与者围成一个圆圈，然后绕着圈子走动，同时默默地互相凝视，以进行强烈的视觉接触。“凝视着对方的眼睛，”我告诉他们，“检查对方的每个动作。”

他们一边走，我一边说：“你们最重要的客户、最亲密的朋友，或一生的爱人可能现在都不在这间房里，然而不久的将来，你会在某个场合发现某个可能会改变你生活的人。我希望你做好准备，我希望你有勇气走过去，而不是徒劳地等待那个特别的人来接近你。”我要求

他们在走动与凝视的过程中，悄悄地挑选出他们最想要搭讪的四个人。

“只有漂亮的人才会被选择”

面对如此陌生而不自在的任务，参与者都以为大家会径直朝那个最漂亮的人走去。事实并非如此。在人们花了时间用心地注视对方后，一些不可思议的事情发生了，每个人都发现了其他人身上独特的美，这种美非常私密，非常特别，而且对探索者而言是独一无二的。

我人生中最亲爱的朋友是一个叫奇普的相貌平平的小家伙，他的身高只有 5 英尺 2 英寸（相当于 1.57 米），他还有一个巨大的鼻子和一对藏在厚厚的眼镜后面滑稽的小眼睛。如果在那个派对上我没有使用“凝视”这个技巧，可能永远也不会注意到他。不过，我们相识的那天，我的注意力都在他身上，因为当时他正在侃侃而谈。当我注视着他的眼睛，看着他张合的嘴唇，我看到了他脸上散发出的这种主观美。在他不幸被疾病夺去生命之前的 12 年里，他都是我最好的朋友。直至他的生命终结，在我心中，他都依然让我感动，因为无论他的身体被疾病摧残成怎样，他的灵魂时刻闪现出美丽的火花。

研讨会的与会者相互研究彼此的面孔和动作，他们发现对方的脸上、姿态里都有种主观美。没有人能够解释，为什么一个人会选择另一个人作为他或她的四个特殊人物之一。然而，休息以后，几乎每个人都交到了一个新朋友，没有一个人落单。

通过研究别人的面容，你可以找到他们的特殊品质。如果你想要有所收获地走出聚会，花些时间与你选择的而非选择你的人相处。慎重选择你要挑选的人，而且永远不要等着成为被挑选者。

技巧73　成为挑选者而非被选择者

你生命中的挚友、陪伴你一生的爱人，或者能改变你未来的生意伙伴，可能并不在那个聚会上。然而，某天，某个地方，他们可能会出现。所以，你应该把每次聚会都当作一种排练。

不要一味傻站着，等待那个特别的人去找你。研究在场的每张面孔，找出那个你认为特别的人。别错过对你来说重要的人，牢牢抓住他们。

“这在研讨会上很容易，可我要面对真实的生活啊”

“在研讨会上，你把接近想要聊天的人作为一项任务，所以执行起来很简单。但真正的聚会该怎么办？”最近，一个叫托德的参与者在研讨会上问了我这个问题。

我问：“托德，这一次你是如何接近的呢？”

“嗯，我只是走过去说：‘嗨，我叫托德，我想和你谈谈’。”

“所以？”我问。

他醒悟过来了，在任何聚会上，他都可以使用这句开场白来结识任何人。为了顺利度过这个有点尴尬的时刻，可以接着迅速提一些无害的问题，如“你跟女主人是怎么认识的？”或“你住在这个区吗？”现在，你已经为你们的谈话开了一个好头，这个效果相当于主人介绍你们认识。

当然，其他正在进行慎重选择的人也会潜伏在聚会中，在仔细观察你的言谈举止之后，有些人会确定你成为他们的特殊人物之一。

用肢体语言邀请别人

你有没有发现，有些房间会让你感觉非常舒服，客厅里椅子摆放的格局让你觉得受到欢迎，像是在说：“来吧，坐在我上面。”相反，当你走进其他一些房间，你不得不在一堆桌子和梳妆台之间来回穿梭，才能找到一把可以坐下的椅子。

同样，有些人把自己的身体家具——手臂和腿脚，布置成：“嘿，过来我们聊聊。”其他一些人的身体家具则嚷道：“走开！靠近后果自负。”当害羞的人合拢手臂，他潜意识里表达了“走开”的意思，他们通过抽烟，抓着手提包不放，或紧紧握住饮料杯来传递出一种没有安全感的信号。

对照研究表明，参加聚会的人更愿意接近那些具有开放式肢体语言的人，他们的手臂自然垂在身体两侧，双腿微微分开，脸上带着微微的笑意。横亘在你和人群之间的任何实物都可能成为别人接近你的障碍，甚至是你的手提包。喜欢炫耀背包的女人比紧握手提包的女人更能吸引别人靠近。因为背包是背在后面，这就为别人过来跟她聊天发出了善意的信号。

手腕向上

现在，让我告诉你们我的独门秘籍。

你的手腕和手掌是脸部之外身体最传神的部分，掌心向上向周围的人释放了你情绪良好的信号。

当罗马教皇示意，“亲爱的兄弟姐妹们，到我这里来吧”，他的手腕和手掌向上；当窃贼说，“我投降，不要开枪”，他的手腕和手掌向上；无辜的人说，“我不知道谁把钱拿走了”，他的手腕和手掌也是向上的；毫无戒备地摊开手掌意味着，“我没有什么可隐瞒的”。

手掌手腕向上也表示接受。当想向同事暗示你同意其所说的观点，即使你低着头，也请确保你的手腕和手掌向上。和别人聊天时，你要经常检查自己的手势，务必不要把指关节直接对着任何人。让他们开心地看到你的手腕和手掌都在柔和地暗示——“过来”，而非握紧拳头的暗语——“走开”。

你脑海里正在浮现浪漫的爱情？女士们，让你的双手为你美言几句吧！女性朋友在遇见带给自己莫名兴奋的男士时，会本能地将手腕和手掌呈向上姿势。

让人们都能接近你

受惊的丛林小猫会蹲在岩石和原木后面，这样那些大野兽就无法发现它了。在社会丛林中，害羞的人也会这样做，他们本能地寻找角落的座位，坐在那里一动不动，谁也发现不了他们。

山猫和狮子神气活现地在丛林空地中漫步，而人类社会丛林的大型猫科动物也从容自得地站在空地上，以便其他人能够看到他们。就像政治家喜欢站在宴会场所门口的附近，因为这样的话，到了晚上的

某个时候，每个人都必须从他身边经过。

技巧74 “到这儿来”手势

要成为人体磁铁，而不是人体排斥机。在聚会上，让你的身体呈开放式姿势，尤其是双臂和双手。人们本能地喜欢接近那些手掌张开、手腕向上，呈现出“到这儿来”姿势的人。那些拳头紧握，一副“滚开，不然揍你”样子的人总是让人生厌。用你的手腕和手掌告诉大家：“我没有任何隐瞒”“我接受你以及你说的一切”或“我觉得你很性感”。

75 让别人觉得他们备受关注

20 世纪 40 年代的电影有点不同。在实验电影（一种由个人或少数人筹资拍摄的非商业性影片——译者注）、真实电影和新浪潮电影（一些青年导演不满法国商业电影的保守和僵化，试图采用自由、经济的拍摄方法，表现个人独特思想和风格的电影。——译者注）之前，电影还有一段历史——故事片时代：那一个美国人跳上他们那收音机天线绑着狐尾草、后视镜悬挂着婴儿靴子的别克车，驶往电影院观看故事片的时代。

故事情节几乎毫无例外，银幕上的男女主人公从相识到双双坠入爱河，克服几乎不可能克服的障碍，然后结婚，从此过上幸福的生活。这些故事大同小异，但总有一个男主角，一个女主角。整个世界都是他们的背景，配角的镜头很少，也没有多少经过精心渲染的情节，而男女主角生活中芝麻绿豆大的事都会备受瞩目。

如今的电影发生了很多变化，但人性依旧未变。每个人都觉得自己像 20 世纪 40 年代的电影明星。他们生活中的每件琐事都极其重要："首先是我，接下来才是整个世界。"

对具体的某个人而言，他早餐吃什么、穿什么样的鞋子、是否用牙线剔牙等，都比遥远国家的衰败或全球气候变暖重要得多。

有时，丈夫和妻子会分享各自的一些小事：

“亲爱的，早餐吃什么了？”

“你没穿那双鞋？”

“记得用牙线剔牙哦！”

为了建立令人愉悦的亲密关系，大人物特别重视重要他人的生活细节。当然，对别人早餐吃什么或是否记得用牙线剔牙，他们不会感兴趣。但是，为了让别人感觉受到重视，他们会记住对方偶然分享的细节。

要记得他们留下的线索，如果潜在客户提到早餐吃了米酥，那么下次问他早餐是不是吃米酥；如果客户提到他一直用牙线剔牙，那么记得称赞他的自律。这些都暗示了他或她是你所认识的名流中令人难忘的明星。因为他们生活中的琐事成了你的主要关注点，适当提及他们的生活细节，会让他们觉得自己像20世纪40年代的电影明星一样备受瞩目。

不要让机会白白溜掉

政客们会用电脑以及别的可能用上的高科技手段，追踪生活中与别人探讨的焦点、热衷的事物或重要事情。交谈之后，他们会积极了解对方的动态，比如去了哪里、说了什么以及做了什么。下次再跟这个人通电话或见面时的第一句话就与这些信息相关：

“你好，乔，你去牙买加的访问进行得怎么样？”

“嘿，萨姆，你的孩子组建了一支棒球队？”

“嗨，莎莉，收到客户的答复了吗？”

“很高兴接到你的电话，鲍勃，上次我们聊天时，你说要去四川

餐馆，去了吗？”

如果你提及别人生活中的重大事件或微不足道的小事，就会令他们与生俱来的想法——他们是世界上最重要的人——更坚定。

最强有力的“追踪”方式，是记住他们那些标志着个人成就的纪念日。在一年前的今天，你的老板晋升到了现在这个职位？几年前的今天，你客户的股票上市了？收到周年贺信比收到生日卡更令人难以忘怀。

记住别人的情感经历，是另一种“追踪”方式。几年前，我定期为一本杂志撰稿，当时我的编辑卡丽对她家那只叫”小甜点”的小猫咪非常着迷。最近，我在一个作家会议上碰见了卡丽。寒暄几句后，我对她说:“我猜‘小甜点’已经是一只成年猫了吧，她好吗？”

技巧75　追踪

像空中交通管制员那样追踪交谈对象生活中最微小的细节，谈话时，像说起重大新闻那样提到它们，就很容易为双方制造亲密感。

当你提起别人最近生活中的大事、小事时，都能让他们深信自己是备受瞩目的老式名人偶像。关键是，人们会非常高兴自己被当作明星。

卡丽惊讶的笑容就是对我的奖赏。

“莉尔，”她尖叫，“我真不敢相信你还记得‘小甜点’！是的，她

很不错……”接下来的10分钟，卡丽都在讲那只成年猫”小甜点”的事儿。

一个星期后，我接到卡丽的电话，她问我愿不愿意为她的杂志做个大专题。难道她考虑我是因为我用“追踪”技巧记住了”小甜点”？尽管没人知道，但我还是有所怀疑。我已经在许多人身上见识过“追踪”技巧所起的作用，以及随后出现的巧合奖励。

政客们如何能记住这么多事实，来追踪这么多人？他们利用我们下面要提到的技巧。

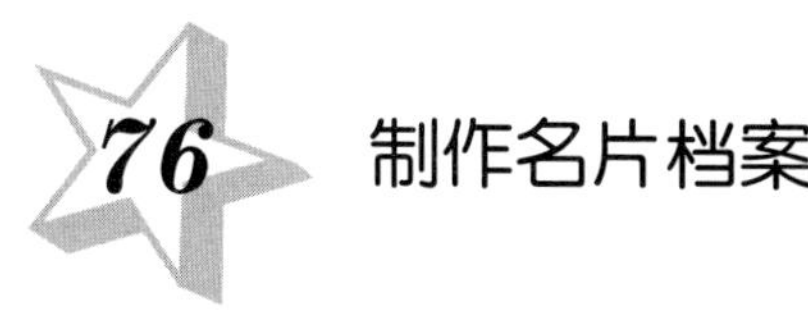

76 制作名片档案

几年前，我参加了美国中西部的一个政治性筹款活动。一位参加活动的客人引起了我的兴趣。我看到他有时跟几个人热烈交谈，有时又独自站在一边，在手上的卡片上写些什么东西。当我再次抬起头时，他又和别人攀谈开了，很快，他又在手中写着些什么。连续一个多小时他都重复着这个聊天模式。他彻底勾起了我的好奇心，像多管闲事的邻居，我开始琢磨："这家伙是谁？"

机会来了，当我独自站在小吃桌边，他笑容满面地朝我走过来，热情地握了握我的手，并自我介绍："嗨，我叫乔·史密斯。"他问我在喝什么，我告诉他白葡萄酒，然后我们开始谈论各自的喜好。无意中，我提到自己最喜欢的是桑塞尔白葡萄酒（产于法国中部卢瓦尔河流域）。在聊天时，我忍住了，没有问他刚才一直在记些什么。

几分钟后，当我看到一个朋友经过，正表示歉意准备离开时，他向我要了张名片，在转身的刹那我偷偷看了一下。我知道了！他正在我的名片上涂写，像我在开篇提到的一样！我又转回去，开玩笑似地询问："嘿，我没给你我的三围呀！你在写什么呢？"

听了我这个不雅笑话，他哈哈大笑说："被你发现了！"他把名片递给我看，上面写着：桑塞尔。然后，为了满足我的好奇心，他把口袋里的名片都掏出来，让我看他在每张名片背面所做的备注。刚开

始，我以为那只不过是乔用来记住别人的小方法，直到几个月后，我才明白他奇怪的行为背后自有其道理。

一天早晨，我在邮箱中发现了乔寄来的私人明信片。他告诉我，自己正在竞选参议员，然后在明信片的最下方写道：“近来可品尝了什么好的桑塞尔白酒？”这一下子赢得了我的好感，如果我住在他所在的州，单凭像这样的小感动就可能会促使我把票投给他。

技巧76　名片档案

在聚会上和别人聊完天之后，拿出你的笔在他们的名片背面写下能够唤醒你对此次交谈记忆的资料：他最喜欢的餐馆、运动、电影、饮料，或他说过的一个笑话；她敬佩的人，她在哪里长大的，让她自豪的高中荣誉。

下次再碰面时，提及之前记下的小细节：他最喜欢的餐厅、运动、电影、饮料、家乡、高中荣誉，或者一个之前讲过的笑话。

他们可能不会上蹿下跳地问：“你怎么记得？”不过，他们会记住你。无论是多重要的贵宾，只要别人提及一些在众所周知的成就之外的事情，他或她都会觉得有种特殊的亲近感。

政客们在不断地推销自己。（如果你曾经怀疑过为什么美国被称为“希望之乡”，只需在选举之年留心观察就知道了。）

77 运用眼球促成交易

吉米是我的一位好朋友，他的销售业绩让人难以置信，即便他的销售经理也不知道他是怎样做到的。

吉米说，这么多年，他学过各种各样的销售技巧（利益销售、合作伙伴、人格类型销售、增值概念、拒绝证明、极速销售），但都比不过被他称为“眼球销售”的技巧。

吉米说，“眼球销售”不是记住两打的成交技巧，也不是口头上与客户争论以驳倒客户的异议。该技巧非常简单，你仅需瞪大双眼，观察客户的反应，并依据客户的肢体语言调整自身的卖点。

吉米给出的销售花招，更着重于观察客户的各种动作与表情，而非他自己说了什么。他仔细观察客户无意识的头部动作，研究她的手势、身体转动、面部表情，甚至目光的波动。吉米说，就算你的客户一言不发甚至面无表情，她也一定在给你发出信号。她可能不会在言语上说出自己对你所讲卖点的接受程度，但你仍然可以清楚地看到。吉米说，了解什么东西能让潜在客户兴奋，什么使他们感到厌烦，以及什么能够让他们时常保持中立，这点非常重要，足以达成或毁掉你们的交易。

如何找出决策者

吉米推销的产品是价格昂贵的照明设备。他常常要向 20 多人以上的团队进行销售演示。他告诉我："'眼球销售'的第一个挑战，是发现谁是真正的决策者。"

他以一种非正统方式（不推荐使用）迎接他的挑战。"先生们、女士们，下午好。"紧接着他会说什么事有一点点不对劲。为什么他这么说？因为他这么说完后，那群人会一脸诧异，不知道做何反应，此时他们的脑袋仿佛刮风日子里的风向标，全都转向看着某人，猜猜是谁？老板，真正的决策者，他们的顶头上司。现在吉米知道了该对那个人使用"眼球销售"技巧。

得到线索之后该怎么做

"有些信号相当明显，"吉米说，"人们耸肩表示无动于衷，轻敲手指表示心烦气躁，或放松衣领表示感到不舒服，但我还注意到其他数百个无意识动作。

"例如，我观察潜在客户头部姿势的精确角度。如果完全面向我，尤其是可爱地略微倾斜，这意味着他们感兴趣。在这种情况下，我会继续我的讲话。但是，如果他们的脑袋稍稍转向另一边，就是一个不好的迹象。我会改变话题，例如谈谈产品的另一种好处。"

吉米不仅仅会根据客户的反应来调整他所说的内容，而且当他感觉自己没有被接受，他会积极采取策略来改变潜在客户的身体姿势。他说："务必让客户的大脑在接受你的想法之前，身体是呈开放式的。"例如，他继续说："如果客户手臂交叉抱在胸前，递过去一些东西让他看看，他就要张开双臂接过你的东西。"吉米总是随身携带一只公文

包，里面装满了他用来打破障碍的道具。用来给已婚的潜在客户看的自己与妻子、孩子的合照；给养狗的客户看的他那斯凯犬的生活小照；给古董爱好者看的古董手表；给小玩意痴迷者看的口袋大小的电脑。吉米说："只要能让他们张开双臂来拿一些东西，我就有了摸透他们心思的机会。"

吉米会调整他的推销节奏，以配合其客户的反应。当客户伸手拿东西的时候，他会借此讲慢一点儿或干脆停下来，拿一下纸夹或抚摸一下桌子上的文件夹暗示："我正在考虑呢。"

当然，吉米在不断寻找可以出击的信号，譬如当客户拿起合同、抚摸钢笔或掌心向上。在那时，他会迅速切入主题。

做成一单生意的另一条线索是，潜在客户开始像玩具鸭一样不断上下点头。他们的内心尖叫着："是的，我买了！"技术不熟练的销售员只会不断地说，直到把培训中学到的推销语言用完为止。许多人说了很长时间，不但没把自己推销出去，客户还不断地左右摇头。不管他们说什么，客户的意思都是："不！"

目视还有更大的用处

有时，即使朋友或爱人一言不发，他们的身体也会泄露他们的想法。

我的朋友黛博拉与托尼订婚时，除了黛博拉自己，几乎所有人都不看好他们。在他们婚礼前的几个月，我说："黛博拉，你确定，托尼就是你要找的那个人？"

"哦，当然，"她摇了摇头又点点头说，"我很爱他。"后来婚礼取消了，她的身体比她的理智更早地觉察到了自己的潜意识。

与政治家一样，把你的社交谈话看作推销自己的方式。即使你向他们销售的不是产品而是创意。如果你的听众在你说话的时候转身离

开，不要只想这人太没礼貌了。要像优秀的销售员那样问自己："什么样的话题才能使这个人感兴趣？"如果他们整个身体都做好了走开的准备，那么使用久经考验的私人问题策略，问问他们喜欢的话题："乔治，你上星期钓到的鲈鱼有多大？"或者，叫他的名字，然后问一个私人问题，这招一定能把他再拽回来。譬如问："阿奇博尔德，你们高中的橄榄球队叫什么名字？"

在这里我们只是探讨了少数的几种有代表性的解读肢体语言的技巧，类似的技巧多得足够写本书。实际上，这类书已有好多，在参考文献里推荐了我喜欢的几本。[21-26] 当你设法向别人推销产品，让他们投票给你，或说服他们你是最佳的求职者或生活伴侣时，请收看肢体语言的视觉频道，仔细研究肢体语言。

技巧 77　眼球销售

人体是一个 24 小时的广播站，时刻传递出各种信息："你让我非常激动""我快被你烦死了""我喜欢你的产品""你让我昏昏欲睡"等。

在你的眼球后装一台摄影机，捕捉你的朋友或客户发出的所有信号，相应调整交谈时你的切入点和节奏。

如果我们也能有与吉米同样高的成功率，听众都能接受我们说的内容，那岂不更棒？只要留心观察，我们也可以做到这些。

有时候，社交场真有点弱肉强食

第九部分

飞跃社交场上的“玻璃天花板”

冷静的沟通高手通常视他们的朋友、同事、亲人和爱人的洋相和令人尴尬的自然反应为小插曲。因此他们不会注意到同伴无足轻重的翻碰东西、跌跤、笨拙和失态。同时他们还会漠视周围其他人的夸张反应。大人物绝对不会因为同伴的小洋相而目瞪口呆。

小时候，每个星期妈妈都会带我到美国国家地理协会看电影。其中一部关于老虎的纪录片成了我后来这些年的噩梦。坐在黑漆漆的影院里面，我看到一只虎妈妈生下了三只小幼崽，其中一只腿有残肢，其他老虎幼仔都排斥它。就在镜头下，我目睹它被其他老虎折磨致死。我记得当时我为此哭泣，并想起我们学校的几个孩子很像这些健康的幼仔，他们有时也会很残酷。

我最好的小学同学斯黛拉，是一个内外皆美的姑娘。但她有说话能力缺陷——腭裂。许多同学在背后嘲笑她，也不跟她玩游戏。

在我给大学生或其他青年团体做报告时，我发现他们和小孩子一样。讨论的主题往往是人气。每个人都想被喜欢，这都可以理解。有时学生们会告诉我某些女孩的经历，因为那些女孩有一些细微的身体缺陷，如斗鸡眼或神经抽搐，有些孩子就嘲弄和取笑她。有些跛足的男孩子即使能跑得跟其他孩子一样快，也会被拒绝加入棒球队，因为他的一些同学不喜欢他们的团队给人“残废”的形象。

岁月流逝，昔日的孩子长大成人，虽然没有多大的变化，但令人高兴的是，长大成人的他们已经不会那么残忍地对待别人的身体残疾，但他们依旧残酷地对待他人的社交残疾。社交残疾人是潜伏的，因为通常我们都没有意识到自己身上有这些毛病。我们就像镜子，看

不见自己的社交障碍和言语缺陷，但是我们很快就注意到在别人身上出现的这些缺陷。

多少次你的某个同伴因为突然哑口无言而迟钝失态？多少次你因为他人一些愚蠢的举动就在心里放弃了他们？你认为他知道自己在做什么吗？当然不知道！他不知道他正在越过界限或触怒你。那是因为从来没有人告诉他，最后这一章节，我们即将探讨的其中的微妙之处。

我们都听说过，有些公司对女性和少数民族设立了升迁的玻璃天花板，但人们很少谈论另一种玻璃天花板。而这种情况更加凶险，因为你不能立法禁止，并且只有一流的沟通大师才会意识到它。它更像是一种坚硬如石的盾牌。许多聪明人为了靠近上层社会的大人物，在不断往上爬的过程中被这结实的障碍撞得头破血流，而那些能够遵守与之相随潜规则的人却能冲破这个盾牌。

仔细阅读以下每个技巧，如果你觉得它们平淡无奇，给自己点奖励吧，这意味着你已经是这方面的强人。当你发现自己说出“你肯定在开玩笑！这有什么错？”之类的话时，请特别留心理解我所讲的交际敏感。

当心！这意味着某天、某地，你也可能会异常不敏感，然后，大人物对你的建议反应冷淡，不回你电话，不给你晋升机会，不邀请你参加晚会，不接受你的约会，你却永远不知道发生了什么事。认真学习以下技巧，确保你不会犯下这样的错误，否则那些大人物就会和你划清界限，更重要的是你无法得到生活中想要的东西。

78 无视别人的洋相

几年前，在做一个公司的项目时，我很荣幸地被公司的四位高层人物邀请共进午餐。他们想让我了解公司遭遇到的沟通问题。那次一个非比寻常的反应，让我看到了赢家与输家之间的另一个差异。

在午餐高峰时段，我们去了市中心一家繁忙的餐馆。这家餐馆热闹非凡，人声鼎沸。每张桌子旁都坐满了各式各样的上班族。有西装革履、专注用餐的中高层管理人员，大声咀嚼食物的工人和穿着蓝色套装用餐的秘书。

吃完主菜，我们深入讨论了公司面临的挑战。正当财务总监威尔逊先生说着经济前景时，啪啦！在距离我们不到 6 英尺的地方，一个侍者失手打倒了一盘菜。玻璃碎片四溅，镀银餐具撞击大理石地板发出哐啷的声音，同时一颗热气腾腾的烤土豆朝威尔逊的脚径直滚过来。

餐馆里几乎所有的人都在看着那个出丑的侍者，我们听到了一些刺耳的声音:“这下他倒霉了。”“笨手笨脚的！”“哎呀，当心点！”“嘿，这是他最后一次在这里做事了。”接着传来了大家的低声嘲笑。

但威尔逊并没有停下来，他依旧继续长篇大论的发言。我这桌的大人物们没有一个转过身去看，连眼也没眨一下，好像什么事也没有

发生。在我们继续讨论的过程中，餐厅逐渐安静下来。喝完咖啡，营销总监道森女士讨论起公司的扩大计划。突然间，她的手舞足蹈碰翻了咖啡杯。我差点脱口而出："哦，天哪！"我还没来得及取出纸巾给她，她已经在用自己的餐巾擦干净了那一滩浑浊的液体，同时继续她的讲话，没有遗漏一个音节，而她那些冷静的同事似乎也没注意到翻倒的杯子。

在那一刻，我意识到大人物们都看不到任何洋相或尴尬的错误，也听不到任何笑料。他们从来不说"笨手笨脚""糟糕"甚至"哎哟"。他们选择无视同事愚蠢的错误，不关注同伴细微的失误和摸索。因此，"无视洋相"技巧诞生了。

"请让我在你的沉默中承受这 一切吧！"

我一个朋友，在我打喷嚏时他都会说："哦，你感冒了？"在我踩空路边的台阶时他一定跟上一句："小心点儿！"工作了一整天后，见到我他必问："累不累？"毫无疑问，我的感冒、踩空台阶、工作一整天的憔悴，都只是洋相盛宴中的一碟小菜。这个可怜的家伙可能真的是在关心我，但我真的很想对他说："请让我在你的沉默中承受这一切吧！"

如果和你一起吃饭的朋友碰翻了高脚杯，打了几个喷嚏，咳嗽了几声，或打嗝了，对这些你要充耳不闻。无论你的"保重""哎哟"或会心一笑是多么好心好意，没有人喜欢自己的弱点被人提醒。

"不错。"你说，"但如果是特殊情况下的小失误呢？"譬如，倒翻的汽水在桌子上蔓延，逐渐流向你那边。此时你无法忽视，因为它很快就会滴到你的膝盖上。

如果可能的话，一边继续聊天一边敏捷地抽出你的餐巾截住水

流。这时，你的同伴可能会语无伦次地道歉，你可以巧妙地在正说着的那句话中插入一句“没什么”，然后若无其事地继续当前的话题。

技巧78 无视洋相

冷静的沟通高手通常视他们的朋友、同事、亲人和爱人的洋相和令人尴尬的自然反应为小插曲。因此他们不会注意到同伴无足轻重的翻碰东西、跌跤、笨拙和失态。同时他们还会漠视周围其他人的夸张反应。

大人物绝对不会因为同伴的小洋相而目瞪口呆。

79 伸出援助之手

在古代日本，如果你救了某人性命，他会自愿在有生之年为你服务。现今，这种古代本能的回报精神依旧存在。

譬如，一群人坐在一起听某人讲故事，正要讲到高潮处，却突然被打断了！这种事时常发生。不是有人加入到这个群体中，就是有人拿来一盘饼干和奶酪，也可能是宝宝开始啼哭。突然，大家的注意力都转向刚来的这个人、餐盘上的点心或是可爱的宝宝。除了说话的那个人，没有人意识到这个中断，他们把那个故事的高潮忘得一干二净。

或者，一群人围坐在客厅里，其中一个人在讲着笑话。正要讲到好笑的部分，突然，小约翰尼摔破了一个碗或有人手机响了。摔碎后，大家开始谈论小约翰尼的笨手笨脚；通话结束后，话题转向来电人临近的婚礼或手术。没有人记得那胎死腹中的笑点，除了讲笑话的那个人。在餐馆请客吃饭时，你是否想过，为何侍者总是在你正要说到关键的时候过来下菜单？

被打断后，大多数讲笑话讲故事的人都会停住不再接着讲，他们不敢说，“嗨，我刚才说到……”相反，由于没有说完，他们整个晚上都非常难受。该你出场了，我把这种拯救他人的技巧叫作“伸出援助之手”。

当讲故事的人在沉没之后被打捞起来，再次向着关注的焦点乘风破浪时，你会在他的眼里看到感激。他在其他人面前感激和承认你的体贴已是足够的奖励，更加幸运的是，被你挽救了故事的那个人也许能够给你工作，让你晋升，成为你的客户或以其他方式提升你的生活。大人物都记忆超群。你给予他们像“伸出援助之手”这样的小恩小惠后，他们就会想方设法回报你。

技巧79 伸出援助之手

当别人讲故事讲到一半被突然打断时，让那个突发事件自行发展直到结束。给大家时间来逗孩子，点菜，或是捡起碎掉的瓷器。

然后，等到大家又重新聚到一起时，对被打断的那个人说，“现在请继续说说刚才的故事吧。”最好能记得他们讲到哪里，然后问：“……之后发生了什么事情？”

80 说出 WIIFM 和 WIIRY

哈维·麦凯（Harvey Mackay）是世界上最著名的人脉专家，他从信封推销员一跃成为麦凯信封公司的首席执行官，同时他还是美国最受欢迎的商业和激励演讲者之一，他教导我们世界运转的基础是互助互惠。他说得多么正确！接下来的三个技巧将揭示维持这一潜在的关键性力量均衡的方法。

精明的商人都明白，每个人都在相同的频率上，都会去想 WIIFM（what’s in it for me? 这对我有什么好处？）。每当有人说一些什么，听众的本能反应是“这对我有什么好处？”销售员把这种永恒不变的 WIIFM 式询问提升了一个档次。他们极其重视 WIIFM 原则，从而不会大肆宣传产品或服务的特色，而是以为买方的利益着想来揭开销售的序幕。

除了涉及敏感谈判的战略理由外，大赢家们公开地摆出“这对我有什么好处？”和“这对你有什么好处？（WIIFY——what’s in it for you？）”两种态度。这非常重要，如果你掩饰了 WIIFM 或 WIIFY，这种掩饰会让你被纳入失败者的行列。

有一次，我邀请了营销协会的负责人萨姆，一位与我有一面之交的朋友吃午饭。本来我是想和他商讨我的演讲工作，我向他说明自己的希望后，开玩笑地问他是否可以从自己宝贵的时间中抽出一小时，与我到一家高级餐厅享用午餐。我是这么说的:“嗯，山姆，我知道，除了美味的午餐和我公司的一些小利益，对你来说没有什么真正的好处。”(换句话说，我揭示了 WIIFY)。为了方便他的时间安排，我还说:“萨姆，时间你来定，挑你家附近最好的餐馆。”

到了我们午餐会的日子，我开了 45 分钟的车，到位于城市的另一端他挑选的餐厅。然而一进门，我很惊讶地看到，山姆正和一大群人围着室内最大的餐桌有说有笑。显然，这样的环境不适于我和他商讨事情。不幸的是，山姆已经发现了站在存衣处的我，我想走也走不了了。

直到喝餐后咖啡，我才意识到为什么山姆召集了这么多人。他想要他们每个人从各自专业的角度出发，发表一下对他公司的意见。这狡猾的狐狸并没有透露自己的“这对我有什么好处？”

如果山姆是一个坦白正直的大赢家，他会在电话里告诉我:“莉尔，我叫了一些可能对我的工作有帮助的人一起吃午餐，大概有 10 个。当然，我会尽量回答你工作上的问题，你愿意加入我们吗？还是我们另选日期，可以更清净些？”

如果山姆提前说清楚，我会很高兴无偿地为他的小组提供点好意见。相反，由于他对 WIIFM 的掩饰，我们都错过了一些东西。我浪费了半天时间，他也因为狡猾而丧失了我免费为他小组提出建议的机会。

不要剥夺别人帮助你的快乐

大赢家都开诚布公地要求别人帮忙，许多善意的人却不好意思说出帮助对他们来说是多么重要。他们要别人帮忙时，总是像随便问问罢了，事实上却并非如此。

有一次，我的朋友斯蒂芬问我是否认识什么乐队，他公司要搞周年活动想请一个乐队。我告诉他："不，实在抱歉，我不认识乐队。"斯蒂芬没有就此罢休，紧跟着说："莉尔，你不是曾经在船上与乐队一起工作过吗？"

我告诉他："是的，但我跟他们已经没有联系了。"我以为会到此为止，但斯蒂芬还不死心，他继续追问我，这让我困惑不已甚至有点恼怒。最后我说："斯蒂芬，谁负责找乐队？"

他不好意思地说："我。"

"天啊，斯蒂芬，为什么你不早告诉我这件事是由你负责的呢？那样的话，让我研究一下，看看能不能为你找到一支好乐队。"

我很高兴能帮到朋友，但斯蒂芬不告诉我这对他有多么重要，使我差点帮不上他。在他的朋友看来，不透露 WIIFM，也让他的形象看起来没有以前那么高大了。

需要别人帮助时，让他们知道这对你有多重要。给人留下坦白正直的印象，那么帮助你的喜悦对他人来说已是足够的奖励。不要剥夺他们这种快乐！

技巧 80　坦白利弊得失

和某人见面或请别人帮忙时，要明确说出各自的利益。透露出对你有什么好处和对其他人有什么好处，即使对他人毫无利益可言也要讲明白。对方要是发现你有所掩饰，往后自然就会觉得你很狡猾。

81 请别人帮忙，不要操之过急

有一次，我和一个客户苏珊·埃文斯，一间大型房地产公司的领导，坐在她的办公室里讨论一个即将开展的项目，她的秘书过来轻声说:“对不起，埃文斯女士，你的姐夫哈利打来电话。”

“哦，好的，”她微笑着，“接进来。”我的客户为被打断道歉后，拿起了电话。为了不侵犯她的隐私，我离开了房间一会儿。

当我回来时，苏珊正要结束通话:“没问题，让他给我打电话。”她告诉我，那是她姐夫打来的。他的小表弟在一个加油站工作，但对房地产这个行业非常感兴趣。“这个年轻人想打电话给我，看我能不能帮帮他。”显然，她很高兴帮了她姐夫一个忙。接着，我们继续刚才中断的讨论。

还不到4分钟，那个秘书再一次走过来，轻声说:“埃文斯女士，桑尼·莱克的电话。他说他是你姐夫哈利的表弟，说要跟你通个电话。”我的客户吃了一惊。从她的表情，我看得出她在自言自语:“哎呀，我那性急的姐夫还真一点时间都不浪费。”我们俩似乎能猜到发生了什么，一切风驰电掣，哈利一定是火急火燎地打电话，告诉了他的桑尼表弟这条大新闻:埃文斯同意见他！立即致电埃文斯女士！而桑尼把这次与大人物的面试视为他枯燥沉闷的生活中最重要的事。

不管是否如此，有一点是真的——小表弟忽视了大人物们始终遵守的潜规则：要别人帮你忙时，不要操之过急。在兑现承诺之前，要给对方充足的时间来细细品味答应帮忙的喜悦。

因不懂把握时机的问题，埃文斯的姐夫和潜在雇员让埃文斯出乎意料。哈利应该等到第二天再把好消息告诉他表弟，以确保那孩子不会太快给他小姨子——房地产大亨打电话，此外，年轻的桑尼应该向哈利表哥打听埃文斯的日程安排。虽然有时立即打电话是个不错的选择，但在别人正准备帮你忙时却并非如此。

技巧81　让别人尽享助人之乐

每当朋友同意帮忙时，请在兑现之前，给予他们津津乐道的时间，好让他们品味自己助人为乐的喜悦。

给他们多长时间？记住，至少得24小时。

可能有人会认为，桑尼只不过没有给埃文斯时间品味帮助别人的喜悦，对他做出这样的判断太过苛刻且不公。其实这有更深层次的意义，埃文斯的潜意识思维过程是这样的：“这孩子在找工作时都对微妙的时机如此不善解人意，要是进行房屋销售谈判，能有多体贴谨慎？”由于代理人过于焦急给业主打一通电话，可能意味着公司将损失成千上万的佣金。

大赢家们对未来具有不可思议的洞察力，他们会将你犯的每个沟通错误都视为X光片上的可见阴影，这将让你的前景变得令人悲观。

让我们再来看看，另一条维系请求帮助者与给予帮助者之间关系的、不得切断的、纤细的线。

82 给别人帮忙，不要急求回报

我的朋友塔妮娅在洛杉矶一家高级人才机构工作，有一次，我问这位人脉广泛的朋友是否认识什么名人可介绍给我开展手头上的项目。她匆匆翻阅了名片盒，提供了我需要的名字。显然，我欠了她一个大人情。

我在电话中对她表示万分感谢时，塔妮娅说:“哦，我肯定你会找到回报我的方法。”

“嗯，我当然会的。”我说，“那还用说。”

这本来就是一件不用说的事，但她提醒了我，她帮我这个忙并非出于友谊，而是因为她期望些许回报。两天后，塔妮娅打来电话，说她几个月后来纽约，现在打来电话只是问我到时能否给她提供食宿。我当然会，但是如此迅速、公然要求兑现回报不是一个聪明的行为。你会发现自己的记性特别好，总记得别人帮你的忙，而事实上，你是在不自觉地寻找报答的方式。如果数年后塔妮娅才打电话过来要求帮忙，我当然会记得我欠她一个人情。

老实说，我很高兴这么快就有机会偿还人情债。不过，这种物物交换，还是心照不宣比较好。它使双方本应当无私分享的那种精神变得黯淡无光，也使帮助者身上的光环逐渐消逝。

你帮了别人一个忙，那么显然他们“欠你一个人情”，等待几个

星期，不要让它看起来像“一报还一报”。让请求帮忙的人愉悦地幻想着你高高兴兴地帮忙却不想要什么回报。他们心知肚明这是假的，你也心知肚明这是假的。但是，只有小人物才会把它挑明。

技巧82 “一报还一报”

如果你帮了别人一个忙，那么显然“他欠你一个人情”，别急着要求他回报。让他先沉浸在你温暖的友谊中。不要过快地要求礼尚往来。

聚会勿谈……

在古代，被警察紧追的小偷会疯狂地寻找一间教堂，小偷知道，如果他能藏到教堂的圣坛里，除非他自己走出来，否则警察只能泄气地看着他而无法逮捕他。

丛林中，一群狼正对一只长耳大野兔穷追不舍，受惊的兔子东张西望，四处寻找圆木窟窿，它知道如果钻进了窟窿，除非自己出来，否则狼吃不了他。

人类丛林也是如此，对大人物们来说，猎物都有特定的安全避难所让他们无法出手攻击。虽然没有被标明，但是它们如同10世纪的圣坛或圆木窟窿一样安全。在特定的时间和场合，即便是最凶猛的老虎也知道不得攻击。我将这特定的时间和场合称为“避风港”。

我的朋友希尔斯汀是一间广告公司的总裁，她每年都会邀请我参加她公司的圣诞晚会。有一年，晚会如火如荼地进行着，节日气氛空前高涨，欢声笑语，觥筹交错，可谓是一场精彩的盛宴。

当晚，随着时间的流逝，狂欢的人们干掉了更多的香槟，大家非常兴奋，说话的声音也愈加高亢。而希尔斯汀告诉我，她准备从后门悄悄溜走，还想顺便送我回家。

我们正朝出口走去时，听到人群中有人醉醺醺地叫道，“噢，希尔——斯汀，希尔——斯汀！”一名邮件收发室的员工，神志不清、

摇摇晃晃地走向她的老板说："你知道吗，这派对太棒了，棒极了！不过，我一直在盘算：如果将派对所用的一半花费用于7个，让我算算，开一间容纳7个儿童的保育机构……"

希尔斯汀不愧是一流的沟通大师，她握着简的手，笑容满面地说："简，很明显你的数学相当出色。你说得对，一半的派对花销确实能够开一家这样的机构，让我们在工作时间再探讨这件事。"我们随即迅速离开。

在送我回去的路上，她大大地出了一口气，说："噢，我真高兴终于结束了。"

"你不喜欢这个派对？"我问。

"嗯，喜欢。"她说，"但你永远不知道接下来会发生什么。例如，简说的那些话。管理部门已经就开办员工托儿所这件事召开了好几次会议。事实上，我们也正在准备把一片闲置的贮物用地变成美丽的幼儿园。"我天真地问她为什么不向简提到这些。

"这不是合适的时间和地点。"希尔斯汀使用了任何大赢家都会用的方式应对聚会上出现的这种情况，所以当时不会有口头上的正面冲突（但在事后可能会有无声的非难）。

不幸的是，简已经打破了第一条潜避险规则——"聚会是游乐场"。克里斯汀批评简了吗？她惩罚她的不当行为了吗？当然，但不是那个时候。几个月后，到了晋升的时候，简可能就会感受到由此带来的影响，但那时可怜的简甚至不知道，为什么老板对她不予考虑。

是不是因为有次喝高了？简可能会抱怨，"肯定是这样了。"简错了。那只是因为大人物无法容忍自己的重要员工在某个聚会上不知轻重地胡言乱语，如果是这样，下次他们就可能当面与某个重要客户发生冲突。

技巧83　聚会就是图个开心

在人类丛林中有三个不容置疑的避风港，连最凶猛的老虎都知道不得在那里发动攻击。其中第一个避风港就是聚会。

聚会就是图个开心，说些幽默轻松的话、培养良好的伙伴关系都不错，但不适宜出现任何对质或冲突。在自助餐桌边上，大人物即使和敌人站在一起，也会点头微笑，对立的言辞他们会留到合适的场合才说。

84 宴会勿谈……

你有没有想过，为什么大老板之间的商业午餐总是冗长不堪，有时甚至延长到下午？你有没有怀疑这只是因为他们喜欢坐着喝杯东西，再相互奉承彼此的公司？也许这是一个因素。不过，最主要的原因是由于餐桌是一个比聚会更神圣的避风港。大人物们充分了解到，无论是商业晚宴、午餐或早餐，一起进餐的时间必然不会讨论业务上任何不愉快的事情。毕竟，艰辛的谈判会破坏食欲。

让我们来偷听一下大玩家在普通的商务午餐中都聊些什么。我们听到了杯子碰撞的叮当声，那是他们在结束了愉悦的交谈之后喝饮料，他们讨论打高尔夫球、天气，并对业务情况发表一些普通意见。在吃主菜的过程中，他们转向了聊食物、艺术、时事和其他毫无威胁性的话题。

“这不是在浪费时间吗？”有人可能会问。一点不会！大玩家会仔细地观察对方的一举一动，估量对方的技能、知识、实力。就像NFL（National Football League 美国橄榄球联盟——译者注）球探通过观察大学橄榄球训练来推断哪个人是可造之才。大玩家知道，在社交场合中如何把握自己，是他们生意实力的精确晴雨表。他们一边对别人的笑话报以微笑或大笑，一边默默地做出关键的判断。

终于，咖啡来了。这时候，大人物们才开始和缓地提及手头上的

业务。当然，他试图压制明显的轻松，假装不情愿地开始认真处理重要资料。他会流露出这样的意思，“太可惜了，这样有内涵的公司还要用如何赚钱这样的俗事来烦扰自己。”

只有玩完这一套至关重要的把戏，他们才会开始洽谈业务。这不是什么卑鄙肮脏的行为。他们可以边喝咖啡边集思广益，边吃甜点边讨论提案，边喝甜酒边抛出新点子，边等待结账边探索合并、收购或合伙的积极因素。

然而，如果产生了分歧、误解或争议，他们必须立即转移到另一张桌子，到会议桌上解决。

技巧84　宴会的目的是吃

为大人物所重视的最安全的避风港就是餐桌。一起吃饭绝口不提不愉快的话题。他们知道，吃东西的时候只适合脑力风暴或是聊些积极的话题：他们的梦想、愿望和构想。他们可以自由地联想，提出新点子。但是，棘手的事务不准提。

这种习俗可能起源于一份不得造成彼此消化不良的谨慎协议。艰巨的谈判令人不快，并且能够毁掉一份令人垂涎欲滴的小牛排。

顺便说一句，这条规则同样适用于社交丛林。如果朋友或恋人想要探讨一些重要的关系问题，等到吃完甜点再讨论。这样的话，即使没有解决问题，你也享受了美味。

85 偶遇勿谈……

连续好几个星期，售卖小饰品的威廉一直试图通过电话拉到大客户，看看大公司会不会购买他的系列小饰品。大客户仍在考虑威廉的小饰品，最终决定给他回电话。然而，在这个故事中，此时此刻，我们的小英雄威廉的手机并没有响起。

只是因为如此凑巧，有天晚上威廉在超市排队结账时，发现那个大客户正站在自己前面。

"运气不错！"威廉想着。

"噢，见鬼！"大客户想着，"希望他不要在这个时候来跟我谈他的小饰品。"

明白避风港的那些人知道，这个故事可以有两个截然不同的结局。如果威廉眼里闪过一丝光芒，大喊一声："啊哈，我终于逮到你了。"然后滔滔不绝地说起小饰品，那他永远也不会接到回电。即使大客户认为威廉的产品比其他人都有优势，也会因为想起在超市被尴尬围困的痛苦而决定惩罚这个小失败者。

不过，如果威廉只是说："你好，见到你很高兴。"只字不提小饰品，表明他也是一个大人物。这样威廉肯定会收到他的回电，很可能就在第二天，因为大客户会感激威廉的彬彬有礼，并感到轻松。

技巧85　偶遇是为了闲聊

如果你是在推销、谈判或是和某人进行敏感沟通，千万记得别利用巧遇的机会给他们施压。偶遇，就应该说些轻松有趣的话题。否则，一次偶遇很可能变成你和大客户的告别曲。

86 让别人做好倾听的准备

几年前的一个晚上，我在纽约街头偶然撞见一名男子正企图撬开一辆汽车。我大喊住手。那个魁梧的窃贼不是逃之夭夭，而是决定进行报复。他迅速地从我身边跑过并把我推倒在水泥地上，我的脑壳砰的一声撞到了马路上。

我头晕目眩、摇摇晃晃地到了附近医院的急诊室，护士在我头上敷了冰袋，然后不断地追问我的地址、电话号码、社会保险号、保险公司、保单号码，让人觉得她好像在说："你可以稍后再跟我说你这见鬼的头骨破裂。你的保险号码是多少？"不要用那些琐碎的东西来烦我！我最想做的就是告诉别人——任何一个人都可以——发生了什么事。但是直到那无情和残酷的审讯快收尾，她才问："到底发生了什么事？"

后来我把这个悲伤的故事讲给一个做急诊室护士的朋友听，她说："我明白，我简直不敢相信他们这样的接诊模式。受伤的人要等到最后一道程序才能说出发生了什么事。""从骨折或烧伤的急诊患者那里获得你需要的关键数字资料是一个真正的挑战。"她说，直到有天她改变了询问的顺序。她先问他们发生了什么，他们告诉她相关的一切。她深表同情地聆听着。"然后，"她说，"他们都非常乐于提供我所需要的信息。"

好老板都清楚哪个人需要找来谈谈。我的同事罗伯特拥有一间小型制造公司。每当员工对某些问题抱怨不满时，他从不会不问青红皂白就暴跳如雷，而是先听雇员把话讲完，听他喋喋不休地抱怨脾气古怪的客户以及毫不配合的同事。“在他一吐为快之后，”罗伯特说，“我也彻底了解了事情的真相。”

当你有重要信息要告诉人

任何在加油站工作过的年轻人都知道，油箱满了就不可以再加油，强行加油只有一个后果：溢出来。同样，听众的大脑也一直装满了他自己的想法和担忧。如果你把自己的观点强加进听众那满是想法的大脑里，你将会得到一个受污染的混合物，然后还会慢慢溢出来。如果希望自己超级重要的见解流进的是未被污染的空箱子，那么你应该先排干它。

技巧 86　清空他们的思想

如果你需要获得某些信息，先让别人把他们想说的说完，耐心等待，直到他们脑中的“油箱”清空了，最后一滴油都滴了下来。这样才能确保他们内心的噪音已经被排空，准备好接受你的想法了。

在你情绪激动，准备讨论某些事情时，让对方把话讲完再发表你的看法。必要时，从一数到十。也许你会觉得十分漫长，但让激动不安的家伙讲完他想讲的话，是确保他能听进你讲的任何内容的唯一办法。

87 附和他人让怒火平息

Emo这个词是由《世界主义者》（*Cosmopolitan*）的主编——海伦·格利·布朗发明的。Emo的意思是“拿出更多激情”！《世界主义者》曾经要我写一篇关于交流敏感问题的文章。在采访了一批心理学家、沟通专家和性学专家后，我给该刊物寄去了我的稿件，不幸的是它们都被退回到了我的邮箱，且每页上都被写上了“MORE EMO”的字样。

我打电话问编辑这是什么意思，她说，那是海伦的说法，意思是轻描淡写所有关于性治疗师和所谓专家的事实材料，多写写年轻女子觉得男友不够热情时的情绪、男性面对这种指责时的感受，以及夫妻俩在探讨他们的困惑时的感受。海伦·格雷·布朗，这位公认的大赢家，喜欢掌控一切，并且清楚如何得到它。海伦承认，时机一到，拒绝理性，体验情绪。换句话说，让情绪肆意宣泄。

“哦，不！他一定特别难堪”

最近，我喜爱的宾恩邮购公司给了我一个狠狠宣泄情绪的机会。几个月前，我的朋友菲尔想买几条裤子，跑来咨询我的建议。我把他拖到衣柜前，向他展示了宾恩衣服的质量和做工，他看了非常满意，买了一条海军蓝西裤。

菲尔第一次穿上这条新裤子就去了一家高级餐厅与新女朋友约会。正当餐厅领班把他们领向菲尔要求的舒适的角落隔间时，他女伴的晚装包凑巧掉了下来。菲尔迅速弯腰捡起来，突然，嘶！裤裆裂开了。

许多看到菲尔臀部的食客都仁慈地转移目光，只有一些在嗤嗤地偷笑。菲尔只能使劲地把裂开的缝往一起拽，以遮盖他的屁股，并倒退着走进隔间。整个晚上，他屁股底下沙发垫的冰凉感一直使他想起自己因为这条裤子所蒙受的羞辱。

听了菲尔的磨难之后，我怒不可遏，立刻给宾恩公司的一个客户服务代理商打了电话。她对菲尔的痛苦经历深表同情，但我还是怒火中烧。她耐心地听着，甚至问了我这场灾难的一些细节。当我讲完了这个漫长而悲伤的故事，她说："哦，太可怕了！我明白，你的朋友一定会觉得很难受吧。"

"是的，很难过。"我答道。

"他一定非常尴尬吧！"她说。

"确实如此。"她对情况的精确把握让我惊讶不已。

"而你听说了这回事之后一定也觉得太可怕，尤其是在你极力推荐我们的产品之后。"

"嗯，通常你们的产品都不错。"我稍微冷静了一些。

"实在很抱歉，我们让您和您的朋友如此痛苦和恼怒。"她说。

"噢，"我打断了，"这不是你的错。"此时我的怒气已完全平息了："只是碰巧这条裤子……"

技巧87　附和他人的情绪宣泄

理性让人们心平气和地说话，但情绪则会让人大喊大叫。当你想要了解别人情绪背后的真相时，先让他们尽情宣泄，听他们讲述，还要表示自己真的是感同身受。附和他人情绪的宣泄往往是平息对方情绪的唯一方式。

在这里，我停下来穿插下“附和他人的情绪宣泄”这个技巧，但刚才的故事还没有结束。

那个聪明的客户服务代表运用“附和他人的情绪宣泄”，不仅清空了我的油箱，还缓和了我的情绪，但她使用的下一个技巧彻底感动了我。

88 即便搞得一团糟，也要让别人喜欢你

第二天，UPS（United Parcel Service 联合包裹服务，美国一家快递公司）不仅送来了更换的长裤，还在包裹里放了一张手写的道歉信和高额礼券。我还会再向这家公司订购产品的，也还会再向其他人推荐他们的衣服。优秀的客服人员会欣然承认错误，因为他们知道这给他们公司提供了一个大放光彩的机会。一旦你把事情搞砸了，并且有人因此受到影响，请确保他们也会因此受益。我把这个技巧叫作“我的错误，你的收获”。

有一次，我去拜访一个重要客户，被她办公室的地毯绊了下，整个人向前俯冲过去，碰翻了桌子上的花瓶。虽然我的鼻子幸免于难，但她的花瓶摔成了碎片。在我们用了两管强力胶，纠结了许多次“这片到底应该贴在哪里”之后，花瓶又回到了她的办公桌上，而且我们一致认为它看起来相当不错。不过第二天，我给客户快递了一个漂亮花瓶，其价格是原先那个花瓶的 10 倍，而且我还在里面插了一束玫瑰花。

后来，那个客户告诉我，她每次看到新花瓶都会不由自主地笑出声来。（这个礼物比刻有她名字的笔更有价值，不是吗？）下次我再去这个客户的办公室，她可能会把一些比较值钱的易碎品藏起来。但是，多亏了“我的错误，你的收获”，我才有再进她办公室的机会。

技巧88 我的错误，你的收获

要加倍补偿你的错误造成的损失。仅仅改正错误还远远不够，问问你自己："该为受害者做点什么，才能让他对你的过失感到高兴？"立即去做吧！这么一来，你的错误将会成为你的收获。

现在，假设那不是你的错误，而是别人愚蠢的错误。如何使他们的错误也成为你的收获？

“逮老鼠”也要不失身份

在日本，一些市民宁愿丢命也不要丢面子。在美国，同样存在这样的求死愿望。稍有不同的是，美国人是做梦都想要那个让他丢面子的人丢命。

为何要树敌呢？除非你的义务是捉住骗子或诱骗说谎的人上钩，要不是，就让他们蒙混过关吧，然后让他们立即从你的生活中消失。即使别人都装作不知道这件事（你已经让那卑鄙小人陷入困境了），给他一个逃生出口吧。

从一个客户那里，我听说过一个最典型的例子。她被邀请去一位被称为“斯蒂芬妮夫人”的社会名流家里吃早午茶。斯蒂芬妮夫人的家里摆放着各式各样漂亮的艺术品。其中，极其宝贵的法贝热彩蛋更是价格不菲的精美收藏，令所有客人都赞不绝口。

我的客户告诉我，就在这顿配有香槟的精致早午餐准备结束，她走出门与其他几个客人聊天时，斯蒂芬妮夫人悄悄地向跟我的客户同一时间离开的一个女人走去。“哦，我很高兴你如此欣赏我的法贝热彩蛋，”斯蒂芬妮夫人边说边把手滑入那位客人的貂皮大衣口袋里，掏出一只无价的彩蛋，“你一定是想在阳光下看看它吧！来吧，我们一起看，它反射出来的光多么漂亮啊。”

穿着貂皮大衣的小偷惊讶地倒吸一口气，鬼鬼祟祟地四处张望，

看看有没有人目击了她温和的被诱捕。我的客户和在大厅的其他人都看见发生了什么事，但在斯蒂芬妮夫人的带头下，她们都假装不知道这是一起偷盗未遂。

为了把这场戏演下去，斯蒂芬妮夫人和那个手脚不干净的客人“在阳光下欣赏彩蛋”后，用她修剪整齐的手指稳稳当当得捏着她的法贝热彩蛋，走进屋内把宝贝放在它应待的位置。那个企图偷盗彩蛋的人最终狼狈地回到她的车里，这是她最后一次参加令人梦寐以求的斯蒂芬妮夫人的盛宴。女主人放了受挫的小偷一马，巧妙地运用只言片语维护了她仅存的自尊。

为什么斯蒂芬妮夫人赢得了最后的胜利呢？所有目睹和后来听说此次盗窃未遂事件的人都愈加尊重这位逮到窃贼却选择保留她颜面的斯蒂芬妮夫人，这也维护了斯蒂芬妮夫人“最佳女主人”的美誉。

为什么大赢家会让那些讨厌鬼在做了令人不快的事后成功逃脱呢？因为，就像母亲纠正顽皮孩子的行为一样，与卑鄙小人当面对质表示了“我在乎”；闭上嘴（从此不相往来），则是说：“在你身上浪费口水，实在有失我的身份。”

“哎呀，这是我的错！”

大赢家通过自己承担责任来为朋友的小恶习留条后路。如果朋友在去你家的路上迷路了，并且迟了一个小时才抵达，那么请告诉她：“我给你指的路太糟糕了。”如果他打破了你的一件古董瓷器？那么这样说：“都是我不好，我不应该把它放在这么危险的位置。”这些老一套的认错方式，能够使别人喜欢你，尤其是当他们意识到其实不是你的错时。

技巧89　留个后路

逮到别人说谎、偷窃、夸大其词、歪曲事实或欺瞒诓骗时，不要跟卑鄙小人当面对质。除非你有责任逮住或纠正罪犯，或者你这么做是为了挽救其他无辜的受害者，否则让他带着诡计多端的花招安然无恙地逃出你的陷阱吧。然后，从此不再提起。

加拿大多伦多的居民因仁慈宽恕而久负盛名。去年，在多伦多市中心的一间药店发生的一件事再次证明了这一点。一位顾客揣着偷来的东西试图通过安全系统。在美国的许多城市，此时会响起震破所有顾客耳膜的刺耳警报，而这儿响起的是一段优美的小旋律。广播里传出一个迷人的声音：“非常抱歉，我们无法关上库存控制系统，一位客服代表会过来帮助您。谢谢您的耐心等待。”相比说：“小子，不许动，我们过来搜身了！”这不是一种更好的方式吗？

90 写写表扬信

表扬信被称为“金凤花（buttercup）”，因为它对收件人极尽恭维（butters up the recipient）。表扬信令人愉悦，更讨人喜欢的是写给老板关于其下属的表扬信。

有一次，我需要影印许多东西，工作量巨大得让史泰博办公用品店的助理经理都没把握在本周末完成。不过，他勉强地嘟囔道：“我会尽力。”我热忱地希望他能够做到，因而对他赞不绝口：“哇，你太棒了！你的老板叫什么名字？你的上司应当收到能雇佣你这样员工的祝贺信。你真为客户着想。”令我惊讶的是，我的复印工作不仅提前两天完成，而且每次走进史泰博，那位助理经理都会对我笑脸相迎，非常热情。

“嗯，”我开始思考，“我可能明白了其中的道理。”尚未收到的表扬信可能是一个聪明的策略，我决定拿咨询名单上的几个大人物来检验一下。

蒂姆是顶尖的旅行代理人，他是一个能干的家伙，动动手指就能满足朋友的需求。买不到戏票可以找他，订不到酒店或机票也可以找他。

我告诉了他这次表扬信的经历，蒂姆笑着说：“莉尔，当然了。这对你来说是新闻吗？写给别人老板的表扬信或是承诺给他们老板的表扬信之类的，是极好的保险契约。它实际上等同于书面附加条款，让你在今后得到贴心的照顾。”

现在我的电脑里有一份标准的表扬信样本，“金凤花”内容如下：

亲爱的［主管姓名］，

我知道，对像您这样的企业而言，客户服务是多么重要。此信是为了表彰［雇员姓名］。他是［雇员职位］的榜样，提供了出色的客户服务。我非常感谢由［雇员姓名］提供的服务。

衷心感谢，［签名］

我把这封信寄给了停车场主管、保险公司老板，以及常去光顾的几十家商店的经理。我敢肯定，这就是为什么我从来不用担心在停车场车位满了的情况下能否找到停车位，保险代理人会否立即回电话，在经常去购物的商店我能否享受最周到的服务。

但你得小心！不要只是问：“你的上司叫什么名字？”这些话会使雇员像11月的火鸡一样胆战心惊。务必用称赞的方式表达：“哇，你太棒了！你的上司叫什么名字？我想要给他写封信。”立即去写吧！你将成为他或她本子上永远的贵宾。

技巧90 写表扬信给他人老板

你有没有想过今后要从店员、会计、律师事务所的新合伙人、裁缝、汽车修理工、餐厅领班、按摩治疗师、孩子的老师或其他任何工作人员那里得到特别的关照？保证他们对你关怀备至，提供最佳服务的方法就是写封表扬信寄给他们的老板。

91 成为第一个鼓掌的人

在麦卡锡时代，政府的间谍会潜入地下政治集会，以确认谁会“危害国家安全”。这些特工人员训练有素地潜伏在围观者中。他们对第一个鼓掌的人，最大声高呼“太棒了”的人，和在政治煽动性的演说结束时笑得最久的人，进行拍照和调查。间谍们把这些人称为“危险人物”，他们认为，首先做出反应的通常都是那些自信满满的人，他们有说服追随者并且拥有领导群众的超凡魅力。

这个原则也适用于没什么政治敏感性的聚会。对别人的发言或刚发生的事件，无须看周围的人就最先做出反应的人是具有领导才干的人。

冷静的人最先鼓掌

你和数百名员工一起坐在礼堂里聆听公司总裁引入的一个新概念，你没精打采地隐匿在观众中，以为讲台上的人根本看不到你的表情。事实并非如此！作为一名演讲家，我向你保证，我的每一位同行都看到了台下的每个微笑、每次皱眉、每道眼神，以及智慧在你脸上一闪而过的瞬间。

发言的公司总裁焦急地审视着他的企业员工，然后从回望他的面

孔上觉察出哪个雇员赞同他的观点，哪个不赞同。他也知道在他面前晃悠的这些面孔中，哪个有潜力成为像他这样的大人物。他是如何做到的呢？

公司的大人物讲完最后一句话，费尽心思想方设法让大伙儿乖乖就范或让员工默默屈服，你以为他没有觉察到是谁开始或稀疏、或热烈的掌声？不可能！虽然他对着台下鞠躬时低着头，但他却具有麦卡锡时代间谍的洞察力，能够精确地感知到谁最先鼓掌，距离最后讲出的那句话隔了多长时间，以及热烈的程度！做第一个鼓掌的人，做第一个站起来的人，并在适当情况下做第一个喊出“好极了”的人，这样你的地位就和正在发言的大人物相同了。

由于大人物即使与发言者意见相左，也会支持台上的发表演说者。为什么？因为他们知道站在台上是什么感觉。他们深深知道，在前方站着的那个人无论是大人物还是小人物，当他发言的时候，他关心的是听众对他进行的演说的接受度。

技巧91 领导听众

无论台上的大人物如何优秀，内心都蜷伏着一个担心别人并不赞同自己的胆小鬼。

大人物看到你带领听众做出积极的反应，便会觉得你也是一个大人物。要做第一个鼓掌的人，公开赞扬你支持的那个人（或是你想巴结的人）。

无论在场听众多么少，无论演讲多么非正式，请成为第一个鼓掌

的人。不要等着看别人如何反应。即使只是一个周围站着三四个人的小团体，也请成为第一个与发言者的看法产生共鸣的人，或者第一个低声说“好主意”的人。这足以证明你是相信他自身能力的人。

92 争取每次都赢得好分数

球迷们很了解足球比赛中每分每秒的分数，即便星期天在播着球赛的电视机前打瞌睡的“酒鬼”大乔治也知道。捅捅他矮胖的身躯，一眨眼工夫，他会告诉你谁赢谁输，甚至精确的得分。

生活游戏中一流的玩家就像乔治这样。你以为他们在打瞌睡，而实际上，他们时刻关注自己与生活中的其他人之间的分数！他们知道谁赢谁输，以及相差的分数。

在两个日本商人的会面中，你可以轻而易举地判断出谁的地位更高。那就是以毫米计量鞠躬时他们的鼻子与地面的距离。（地位低的人腰弯得更低。）

在美国，虽然我们没有可以显示关系分数的精心设计的鞠躬，但当今行业中的大人物都知道谁处于优势谁处于劣势。（尽管明天就可能是另一番景象了。）

地位低者必然更卑微地行礼，他或她一定表现得百依百顺；地位低者必然是在大人物的办公室见面，在适当的时间为午餐买单，以及尊重优胜者的时间。如果地位低者没有显示出适当的顺从，不懂得尊重大人物的时间，最终他只会让自己失去和大人物结盟的谈判资格。

这是发生在曾研制出健康奶昔的劳拉身上的事。上次我们讲到劳拉由于不断盘问连锁超市大老板弗雷德的通讯地址，抱怨她的钢笔没

了墨水，与其他人搭讪让他等候，写错号码等等让人厌恶的事，从而错过了与弗雷德的见面机会。

我还没有告诉你最糟糕的事情。在弗雷德大方地邀请劳拉给他寄健康奶昔的样品之后，她立即又扔下了另一枚炸弹，询问他应该使用哪个货运服务。他一定是说了联邦快递，因为我听到劳拉又问："嗯，我的奶昔需要冷藏，联邦快递有冷藏车吗？"

这时候，我知道她用自己的电话线勒死了这笔交易。她不应该向超市沙皇絮叨微不足道的货运细节。事实上，劳拉应当非常感激，并且在第二天亲自送货上门，如果可能的话亲自送到他的超市。劳拉显然没有意识到"无形计分卡"的存在。那天的计分板上显示着：弗雷德满分，劳拉鸭蛋。

在抬笔写东西之前，在手指敲打键盘之前，在对着电话谈事情之前，在与别人的手握在一起之前，大赢家们都会迅速计算一番。他们问自己："在这段关系中，谁将是最大的受益者？我们双方最近做了什么使自己有资格要求对方顺从的事？而我要做些什么使自己在这方面的得分更高？"

朋友之间也会记分数

"无形计分卡"不仅仅在商人之间被频繁使用，如果你仔细观察家人和朋友，你会在他们头顶上发现，那儿也隐约浮现着这么一个记分卡。就像股票一样，计分卡的分数也有涨有跌。一旦你搞砸了什么，你必须做些什么来平衡你们的分数。想让爱情时刻新鲜？也请时刻关注"无形计分卡"。

在几个月前的一次会议上，我认识了一个叫查尔斯的家伙，他超级可爱。我们先是讨论了各自最喜欢的食物，他喜欢自制的意式香蒜

酱扁面。我喜欢这个男人，而且我做的意式香蒜酱也相当不错。两者惊人的巧合，使我大胆地邀请他到我家吃晚饭。“太好了！”他说。我们约定的时间是下一个星期二的 7 点半。

那个星期二的下午，我开始为这个重大约会作准备。墙上的布谷鸟钟监视着我的进程。5 点，我跑去商店买松仁；6 点，我回家磨罗勒（叶香如薄荷，用于调味——译者注）和大蒜；7 点，我折好餐巾，摆好餐具，取出新蜡烛。哎呀，来不及了。我赶紧换了衣服，打扮了一下。当 7 点半的钟声响起，我全都准备好了。我和我的香蒜等待着他的到来。

8 点了，压根不见人影。嗯，我想我应该打开那瓶酒，让它通气透香。一个小时过去了，查尔斯还是没来。布谷鸟告诉我 9 点了，我开始相信这只鸟，显然，查尔斯是不会来了。我被放了鸽子。

第二天，查尔斯打电话给我，说了个真假难辨的理由，并毫无诚意地道了歉。他说他的车坏了。“哎呀，太遗憾了。”不过，当我几乎要被他懊悔的声音感动得忘掉这回事时，他问了另一个问题。

他不是邀请我去一家不错的意大利餐厅吃香蒜意面以弥补他的错误，而是问道：“我什么时候可以再去你家品尝意面？”很明显，他并没有意识到自己在“无形计分卡”方面所犯的错误。因此，查尔斯出局了。

技巧 92　无形计分卡

任何两个人在一起时，都有一张无形的计分卡在他们头顶显示双方的势力变化。这些数字不断变动，但有一个原则不变：分数低的玩家遵从分数高的玩家；不顾“无形计分卡”将受到的惩罚是被永久淘汰出局。

结束语：你的命运你做主

在这本书里，我们认识了许多人，虽然用了化名，但他们都真实存在。最近，我决定追踪一下多年来我碰见的那些人，看看今天他们过得怎么样。

我的老朋友劳拉，梦想成为奶昔大王，却因忽视了超市沙皇的记分卡，现在已经回去继续端老职业的饭碗了；山姆，因为没有明确揭示想要我免费为他的小团体进行一个演讲而惹怒了我，再也没有跟我合作的机会；桑尼，操之过急地打电话催促表哥的亲戚，至今仍在加油站泵气；塔妮娅，坚持要求被帮助者立即回报的中介人员，在人才中介机构没有找到什么好工作；可怜的简，5 年前在圣诞派对上与老板对峙的邮件收发员，如今还在给邮寄物品打包；而丹，在电话中留下超长鼓舞人心的信息的演讲者，现在客户的电话簿上依然没有他的号码——这对一个有抱负的演讲者而言，不是什么好兆头。

乔，在名片上记下每个人特征的人，现在是国家参议员；吉米，眼球销售专家，最近在《成功》杂志上受到好评；史蒂夫，因其工作人员对每个来电者都会暗示“哇，是你呀！”而成为电缆线路方面最受欢迎的演讲者之一；蒂姆，通过把各行各业员工的“表扬信”寄给他们的老板来获得自己想要的东西，现在拥有了自己的旅行社；而格洛丽亚，提供自身简明履历的发型师，最近在纽约第五大道开了一间

美发沙龙。

这是否意味着，仅仅因为前者惹恼了我，他们就被放逐到了平凡的生活里？而后者使人欢欣愉悦，所以大有作为？当然不是，我们所看到的他们的生活不过是他们日常生活中再普通不过的一天。

但是想一想：如果你是被劳拉、山姆、桑尼、塔妮娅、简或丹烦扰的那个人，他们打电话给你，你会不会想要竭尽全力帮他们忙？也许不会，他们糟糕的表现让人记忆犹新。

但如果是乔、吉米、史蒂夫、蒂姆或格洛丽亚跟你联系，与他们愉快、美好的交流会立即像潮水般温暖你，你愿意全力以赴地帮助他们。

无限扩大你的人脉。正如我在本书前言中所说的，没有人能独自成功。多年来，大赢家们不动声色地掳获和征服了许多人的心，这些人帮助他们一次又一次地攀登到他们选择的任何阶梯的顶端。

如何才能成为生活中优秀的沟通者，而不是四处碰壁、跌跌撞撞的狼狈者？在去年冬季的一个下雪天，我找到了答案。当时我正穿着越野滑雪板，沿着刚修整过的滑雪道笨重地行进，突然发现一个身形高大的人正快速地朝我飞扑过来。我不需要看到他的高空直降或一流的滑雪杖，就知道自己妨碍了职业滑雪者的前进之路。

正当我铆足了劲准备将抽痛的双腿拖离滑雪道，以便这名滑雪高手能飞跃而过时，他敏捷地避让到一旁，留出一整条笔直的滑道给我。从我身边呼啸而过时，他略微放缓了速度，微笑着点点头对我说："早上好，真是个滑雪的好天气，不是吗？"

我欣赏他的尊重。我知道他想的不是"嘿，看着我！我在这里！"而是"啊，你在这儿！让我为你让道儿。"

为什么专业的滑雪者能够如此优雅地完成那一系列动作？那是他与生俱来的本领吗？不，他从容不迫的动作都源于练习。

练习也是所有顺畅交流技巧的源泉，所谓优秀不是单一的、孤立的行为，而是多年无数次顺畅交流行为的成果。我们在《遇谁都能聊得开》中探讨的 92 个小技巧就是这些微小成果。这些行为将创造你的命运。

记住，

重复一个行为就能使之成为习惯。

习惯塑造性格。

性格决定命运。

愿成功是你的命运。

原书参考文献

1. Ekman, Paul. 1985. Telling Lies：Clues to Deceit in the Marketplace, Politics, and Marriage. New York：W. W. Norton Co.， Inc.
2. Cheng, Sha, et al.1990."Effects of Personality Type on Stress Response. "Acta-Psychologica-Sinica 22(2)：197–204.
3. Carnegie, Dale. 1936. How to Win Friends and Influence People. New York：Simon & Schuster.
4. Goleman, Daniel. 1989. "Brain's Design Emerges as a Key to Emotions, "quoting Dr. Joseph LeDoux, psychologist at Center for Neural Science at New York University. New York Times, August 15.
5. Kellerman, Joan, et al. 1989. "Looking and Loving：The Effects of Mutual Gaze on Feelings of Romantic Love. "Conducted at the Agoraphobia Treatment & Research Center of New England. Journal of Research in Personality 23(2)：145–161.
6. Argyle, Michael. 1967. The Psychology of Interpersonal Behavior. Baltimore：Pelican Publications.
7. Wellens, A. Rodney. 1987. "Heart-Rate Changes in Response to Shifts in Interpersonal Gaze from Liked and Disliked Others. "Perceptual and Motor Skills 64(2)：595–598.
8. Ibid.
9. Zig Ziglar, motivational teacher and author of the bestselling books See You at the Top, Secrets of Closing the Sale, Over the Top, and Something to Smile About.
10. Curtis, Rebecca C., and Miller, Kim. 1986. "Believing Another Likes or Dislikes You：Behaviors Making the Beliefs Come True. "Journal of

Personality and Social Psychology 51(2): 284–290.

11. Hayakawa, S. I. 1941. Language in Thought and Action. New York: Harcourt Brace Jovanovich.
12. Aronson, E., et al. 1966. "The Effect of a Pratfall on Increasing Interpersonal Attractiveness. "Psychonomic Science 4: 227–228.
13. Carnegie Foundation for the Advancement of Teaching and Carnegie Institute of Technology studies in the 1930s showing that 85 percent of one's financial success, even in technical fields such as engineering, is due to communications skills.
14. U.S. Census Bureau of Hiring, Training, and Management Practices conducted a survey of 3,000 employers nationwide. The preferred qualities in job candidates were, rated in order of importance, attitude, communications skills, previous work experience, recommendations from current employer, recommendations from previous employer, industry-based credentials, years of schooling completed, score on interview tests, academic performance (grades), reputation of applicant's school, teacher recommendations.
15. Walsh, Debra G., and Hewitt, Jay. 1985. "Giving Men the Come-On: Effect of Eye Contact and Smiling in a Bar Environment. " Perceptual and Motor Skills 61(3, Part 1): 873–874.
16. Walters, Lilly.1995. What to Say When You're Dying on the Platform. New York: McGraw-Hill.
17. Axtell, Roger.1994. Do's and Taboos Around the World. New York: John Wiley & Sons, Inc.
18. Bosrock, Mary.1997. Put Your Best Foot Forward series. Minneapolis: International Education Systems.
19. Nwanna, Gladson. 1998. Do's and Don'ts Around the World series. Baltimore: World Travel Institute.
20. Byrne, Donn, et al. 1970. "Continuity Between the Experimental Study of Attraction and Real-Life Computer Dating."Journal of Personality and Social Psychology 1: 157–165.
21. Fast, Julius. 1970. Body Language. New York: Simon & Schuster.
22. Fast, Julius. 1991. Subtext: Making Body Language Work in the Workplace. New York: Viking.
23. Lewis, David. 1989. The Secret Language of Success. New York:

Carroll & Graf Publishers, Inc.

24. Nierenberg, Gerard, and Caliero, Henry. 1993. How to Read a Person Like a Book. New York : Barnes & Noble Books.

25. Pease, Allan. 1981. Signals : How to Use Body Language for Power, Success and Love. New York : Bantam Books.

26. Sannito, Thomas, and McGovern, Peter J., 1985. Courtroom Psychology for Trial Lawyers. New York : John Wiley & Sons, Inc.

图书在版编目（CIP）数据

遇谁都能聊得开：92个技巧让你的谈话充满魅力 /
（美）莉尔·朗兹（Leil Lowndes）著；曾琳译 .
-- 上海：上海社会科学院出版社，2016
书名原文 : How to Talk to Anyone:92 Little
Tricks for Big Success in Relationships
ISBN 978-7-5520-1461-7

Ⅰ . ①遇… Ⅱ . ①莉… ②曾… Ⅲ . ①语言艺术—通
俗读物 Ⅳ . ① H019-49

中国版本图书馆 CIP 数据核字（2016）第 155114 号

上海市版权局著作权合同登记号：图字 09-2016-434

遇谁都能聊得开——92个技巧让你的谈话充满魅力

著　　者：[美] 莉尔·朗兹 Leil Lowndes
译　　者：曾　琳
责任编辑：李　慧
封面设计：主语设计
特约编辑：陈朝阳
出版发行：上海社会科学院出版社
上海市顺昌路 622 号　邮编 200025
电话总机 021-63315900　销售热线 021-53063735
http: //www. sassp.org.cn　E-mail: sassp@sass.org.cn
印　　刷：北京凯达印务有限公司
开　　本：710 × 1000 毫米　1/16 开
印　　张：20
字　　数：220 千字
版　　次：2016 年 8 月第 1 版　2017 年 8 月第 3 次印刷

ISBN 978-7-5520-1461-7/H · 035　定价：36.80 元
